O CORPO QUÂNTICO

Elogios a *O corpo quântico*

"Quase 40 anos atrás, Deepak Chopra iniciou uma revolução na medicina alternativa com o livro *A cura quântica*. Era uma época em que a meditação e o conceito de conexão entre mente e corpo eram considerados ideias alternativas. Hoje, dezenas de anos e dezenas de livros depois, essa alternativa se tornou popular. Em *O corpo quântico*, Chopra retoma de onde parou em seu livro anterior e propõe um plano para uma vida mais feliz e saudável. Embora eu não assine embaixo de todos os seus argumentos teóricos, seus conselhos práticos são sábios e potentes, como sempre."

— Leonard Mlodinow, físico e autor dos best-sellers *Stephen Hawking: histórias de física e de uma amizade* e *Emocional: A nova neurociência dos afetos*

"Deepak Chopra foi criticado por céticos como eu por suas frases feitas sobre teoria quântica. Mas seu último livro, que conecta a dimensão quântica aos nossos poderes inatos de autocura e crescimento espiritual, é inspirador."

— John Horgan, jornalista científico e diretor do Stevens Center for Science Writings, no Stevens Institute of Technology

"*O corpo quântico* é uma integração ousada e brilhante de ciência quântica e sabedoria antiga, e nos proporciona uma compreensão profunda e ampla de nossa conexão corpo-mente, do quanto estamos interconectados e das implicações disso para nossa saúde. Chopra, Tuszynski e Fertig dão dicas fáceis e eficientes para nos tornarmos íntimos de nosso 'corpo quântico', o que nos permite desligar nosso modo automático de estresse e mergulhar em nossa presença e na realidade mais ampla da qual fazemos parte."

— Elissa Epel, doutora, professora da UCSF, coautora do best-seller do *New York Times O segredo está nos telômeros: receita revolucionária para manter a juventude, viver mais e melhor*, e autora de *Doses diárias contra o estresse*

"As palavras claras deste livro original e corajoso defendem o mistério da atividade do campo quântico em nosso mundo vivo da biologia quântica e sua relevância para a experiência, o bem-estar e a saúde do ser humano."

— Stephon Alexander, professor de física na Brown University, ex-presidente da National Society of Black Physicists (NSBP)

"Aliado a uma cosmologia emergente de um Universo essencialmente vivo e cheio de significado, este livro revelador e oportuno é um guia profundo para fortalecer nossa cura coletiva e evolução consciente."

— Jude Currivan, doutora, cosmóloga, autora de *The Cosmic Hologram* e *The Story of Gaia* e cofundadora da WholeWorld-View

"*O corpo quântico* atualiza os leitores sobre o que a ciência mais recente diz a respeito da biologia quântica e sua aplicação à medicina."

— Michael Shermer, editor da revista *Skeptic*, membro do Conselho Presidencial da Chapman University e autor de *Heavens on Earth*

"Um livro excelente e de leitura fácil, que lhe trará inspiração."

— Amit Goswami, doutor, físico quântico e coautor de *The Quantum Brain*, *The Quantum Reenchantment of the Reality You Live* e *Quantum Integrative Medicine*

"Chopra, Tuszynski e Fertig desconstroem o pensamento dicotômico e, por meio de questionamentos provocativos, conduzem o leitor a uma sabedoria personalizada."

— Jeffrey I. Mechanick, doutor em medicina, professor de medicina na Icahn School of Medicine em Mount Sinai, na cidade de Nova York

"Os doutores Chopra, Tuszynski e Fertig apresentam uma visão profunda da vida, que nos oferece uma compreensão radicalmente integrativa dos nossos corpos, da nossa consciência e do nosso lugar no Universo. Combinando ciência médica, física quântica e sabedoria espiritual, este livro o levará a insights que mudarão para sempre a maneira como você vivencia a si mesmo e o mundo."

— Robert Waldinger, doutor em medicina, professor clínico de psiquiatria na Harvard Medical School, diretor do Centro de Terapias e Pesquisa Psicodinâmica do Massachusetts General Hospital e diretor do Harvard Study of Adult Development

"Seu corpo é uma onda no campo quântico. Seu corpo é um milagre no campo quântico; e o campo quântico é um milagre no universo quântico. É isso que este livro lhe diz. Depois de ler *O corpo quântico*, você nunca mais tratará seu corpo da mesma forma. Você o tratará com o cuidado e o respeito que um verdadeiro milagre merece. Sua vida e sua saúde serão testemunhas dessa mudança. E depois agradecerá a este livro inovador de Deepak Chopra e seus colegas pelo novo você e pela sanidade que o acompanhará.

— Ervin Laszlo, autor de *A ciência e o campo akáshico* e *The Upshift*

A NOVA CIÊNCIA PARA UMA VIDA MAIS LONGA, SAUDÁVEL E ESSENCIAL

O CORPO QUÂNTICO

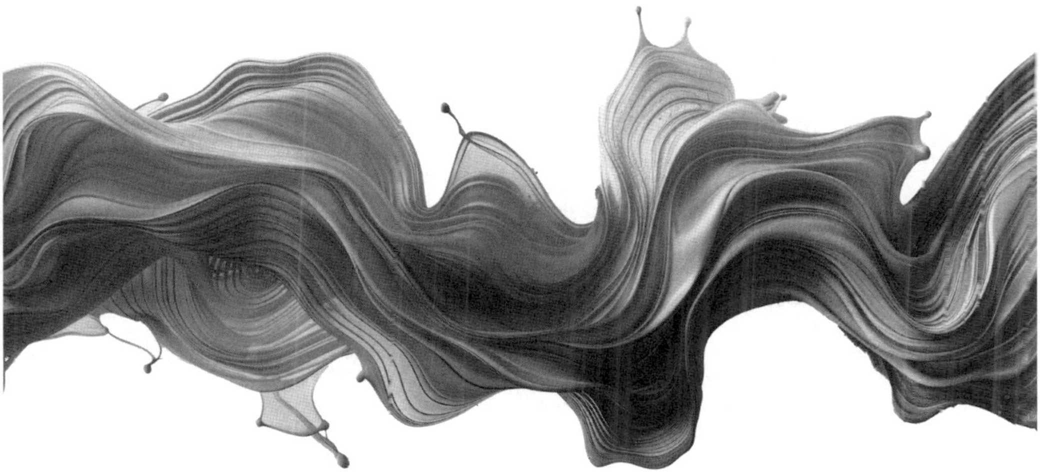

Deepak Chopra

Jack Tuszynski e Brian Fertig

EDITORA ALAÚDE

Rio de Janeiro, 2025

O corpo quântico

ISBN: 978-85-7881-773-2

Translated from original Quantum body. Copyright © 2023 by Deepak Chopra, Brian Fertig e Jack Tuszynski. *ISBN 978-0-593-57998-5. This edition is published by arragement with Harmony Books - Penguin Random House, the owner of all rights to publish and sell the same. PORTUGUESE language edition published by Alaúde, Copyright © 2025 by STARLIN ALTA EDITORA E CONSULTORIA LTDA.*

Impresso no Brasil — 1ª Edição, 2025 — Edição revisada conforme o Acordo Ortográfico da Língua Portuguesa de 2009.

Dados Internacionais de Catalogação na Publicação (CIP)
(BENITEZ Catalogação Ass. Editorial, MS, Brasil)

C628c

1.ed. Chopra, Deepak
O corpo quântico : a nova ciência para uma vida mais longa, saudável e essencial / Deepak Chopra, Jack Tuszynski, Brian Fertig; tradução Christiano Sensi. - 1.ed. - Rio de Janeiro : Alaúde, 2025.

208 p.; 15,7 x 23 cm.

ISBN 978-85-7881-773-2

1. Corpo. 2. Espiritualidade. 3. Medicina e saúde. 4. Meditação. 5. Saúde - Promoção. I. Tuszynski, Jack. II. Fertig, Brian. I. Sensi, Christiano. II. Título.

10-2024/267 CDD 610

Índice para catálogo sistemático:
1. Saúde e medicina 610

Aline Graziele Benitez - Bibliotecária - CRB-1/3129

Produção Editorial: Grupo Editorial Alta Books
Diretor Editorial: Anderson Vieira
Editor da Obra: Ibraíma Tavares
Vendas Governamentais: Cristiane Mutüs
Gerência Comercial: Claudio Lima

Produtora Editorial: Gabriela Paiva
Tradução: Christiano Sensi
Copidesque: Eveline Machado
Revisão: Evelyn Diniz, Vinicius Barreto
Diagramação: Alice Sampaio, Joyce Matos

ALTA BOOKS
GRUPO EDITORIAL

Rua Viúva Cláudio, 291 — Bairro Industrial do Jacaré
CEP: 20.970-031 — Rio de Janeiro (RJ)
Tels.: (21) 3278-8069 / 3278-8419
www.altabooks.com.br — altabooks@altabooks.com.br
Ouvidoria: ouvidoria@altabooks.com.br

Editora
afiliada à:
ASSOCIADO

SUMÁRIO

PREFÁCIO

por Deepak Chopra

Este livro celebra a virada mais surpreendente da minha vida, há mais de 30 anos. Eu exercia minha prática médica em Boston, em uma rotina frenética ao ponto da exaustão. Eu comecei a meditar para aliviar o desgaste constante. Funcionou, mas houve um efeito colateral inesperado. Eu me tornei escritor. Sem ter muito preparo, mas com um generoso entusiasmo, eu vinha desfrutando de um sucesso modesto quando, do nada, tive uma ideia que mudaria minha vida.

A ideia surgiu na minha mente como uma imagem, que mostrava um corpo humano brilhando com luz e energia. Não era uma visão respeitável segundo o viés médico. Contudo, em certo nível, fazia sentido, e depois de algumas buscas interiores, tive uma epifania. O que eu havia visto era o corpo quântico mecânico. Eu tinha uma forte inclinação para a ciência e sabia que todo objeto físico tem sua origem no campo quântico. E isso incluía o corpo humano. Por trás da fachada do sangue correndo em nossas veias, da elasticidade da pele e da misteriosa tempestade elétrica que destrói o silêncio do cérebro, somos criações quânticas. Nossa essência começa como ondas no campo quântico, e esse é um fato inevitável.

Achei tudo isso empolgante e como eu tinha outra tendência — pensar fora dos moldes tradicionais —, as perspectivas de cruzar o horizonte quântico me fascinaram. Nenhum dos meus colegas médicos teria me apoiado. Estamos voltando aqui a uma época em que até mesmo a conexão mente-corpo era considerada questionável. O termo não era ensinado na faculdade de medicina, onde até mesmo os benefícios médicos da meditação eram vistos como um assunto à margem do escopo.

O produto do meu pensamento tão alheio à medicina foi um livro, *A cura quântica*, que me deu o primeiro empurrão em direção à notoriedade. O livro foi um sucesso, e com o sucesso veio uma mistura de resultados positivos e negativos. Para os médicos tradicionais, minha empreitada pela medicina mente-corpo era vergonhosa, arrogante ou um suicídio profissional. Foi na comunidade espiritual e de meditação que ganhei incentivo, junto com o nicho da medicina alternativa, que ainda lutava por aceitação.

A luta deles se tornou a minha. Trinta e sete anos depois, a alternativa se mudou para o centro do palco. A meditação, a ligação mente-corpo e a medicina alternativa – que expandiu e se tornou medicina integrativa ou complementar – já não causam olhares de questionamento. Novos estudos vêm derrubando crenças médicas tradicionais há muito mantidas e os horizontes futuros parecem brilhantes.

Mesmo assim, parecia o momento certo para beber novamente naquela fonte. O mundo quântico é diferente e estranho. Sua conexão com o corpo humano desconcerta as pessoas. Seria quase impossível encontrar alguém qualificado para escrever sobre medicina e realidade quântica. Mas, por sorte, encontrei dois cientistas com essas exatas qualificações. Jack Tuszynski, doutor em física da matéria condensada, é professor de física; e Brian Fertig, doutor em medicina, é endocrinologista e professor na faculdade de medicina. Juntos, eles trazem inúmeros insights acerca de um novo e empolgante campo: a biologia quântica. Seus trabalhos de pesquisa vêm desbravando novos caminhos, dando impulso à ciência que dá base à realidade do corpo quântico.

Mesmo que usemos frequentemente a expressão "vanguarda", existem implicações revolucionárias na biologia quântica, porque, até muito recentemente, uma verdadeira muralha da China separava o mundo quântico da escala de proporções muito maiores à qual pertencem as células e as criaturas vivas que a biologia estuda. Unir os dois mundos me desperta um fascínio. Este livro coloca você na vanguarda de uma revolução que promete alterar tudo o que sabemos sobre o corpo humano.

Trinta anos atrás, eu sabia que *A cura quântica* seria apenas o começo da história. Demorou todo esse tempo para que muitas descobertas fossem reveladas, que só foram sugeridas quando a ciência médica, a física e a biologia cobriram seu atraso. Em *O corpo quântico*, pode-se dizer que esse novo conhecimento acabou de sair do forno, embora a ciência proceda com cautela quando se trata de novas descobertas. O corpo quântico é um recém-nascido, mas meus inovadores coautores e eu temos certeza de que ele veio para ficar.

VISÃO GERAL

APRESENTO-LHE SEU CORPO QUÂNTICO

Da mesma forma que o corpo humano, assim é o corpo cósmico.
Da mesma forma que a mente humana, assim é a mente cósmica.
— ANTIGO UPANISHAD

Seu corpo não é o que você pensa que ele é. Ou, para ser mais preciso, o seu corpo *real* não é o que você pensa que é. Porque seu corpo real não pode ser visto no espelho. Ele não adoece nem envelhece. Ele não cabe no pacote de carne e ossos que ocupa uma pequena fração de um metro cúbico de tempo e espaço. Nos livros de medicina, muito pouco é comentado sobre seu corpo real e quando os estudantes dissecam o corpo físico para aprender anatomia, eles nunca tocam o corpo real, muito menos espiam dentro dele com seus bisturis.

Seu corpo real é uma criação quântica. Ele emerge do mesmo campo quântico que criou o Universo, mas, no seu caso, o ato de criação é constante e renova-se a cada segundo. Sua gênese é aqui e agora. Isso não é novidade para suas células. A ligação delas com o domínio quântico é indiscutível. Cada pensamento que você tem exige que as células cerebrais troquem sinais elétricos e a eletricidade é quântica, faz parte do campo eletromagnético. Mesmo que não perceba, você é uma criação quântica, porque cada célula, e não apenas as células cerebrais, gera um campo elétrico que ela mesma criou. Se esse campo apagar, isso significa que a célula está morta.

Além desses fatos básicos, o campo elétrico do seu corpo, às vezes chamado de biocampo, conecta-o a algumas possibilidades valiosas e desconhecidas. Os impulsos elétricos dentro do seu cérebro não são aleatórios. Em seu cérebro não acontece uma tempestade ressoante de raios microscópicos, e sim um processo organizado. De alguma forma, os impulsos elétricos do cérebro *sabem o que estão fazendo*. Quando você quer ter um pensamento, palavras aparecem em sua mente; você não ouve a estática ou o ruído branco que as frequências aleatórias gerariam. Para imaginar o mistério por trás disso, suponha que você morasse em uma casa onde a eletricidade que flui pela fiação decidisse que operaria todos os seus eletrodomésticos da maneira que ela quisesse.

Isso é impossível quando se trata de eletricidade doméstica, mas, enquanto você lê essa frase, as palavras passam a significar algo porque o seu biocampo brilha com atividades significativas. Agora, expanda a imagem. Não apenas células individuais ou aglomerados de células, nem apenas órgãos inteiros como o coração e o cérebro, mas seu corpo todo é mantido coeso com atividades significativas. Cada célula sabe o que deve fazer. Foi até proposto que o biocampo pode ser, na verdade, um *eletroma*, uma totalidade, como seu genoma. O genoma é uma enciclopédia de conhecimento contido em todos os 20 mil a 25 mil genes do corpo humano. Geneticistas estão constantemente investigando as informações codificadas no DNA humano, mas seria impossível abordar o seu eletroma da mesma maneira. Os genes podem ser observados ao microscópio. Os impulsos elétricos, porém, são ondulações ou flutuações invisíveis no biocampo. Os genes são estáveis – aqueles com os quais você nasceu permanecem fixos por toda a vida –, mas os impulsos elétricos estão em fluxo constante. Até o presente momento, seu eletroma não manteve o mesmo mapa de atividades nem mesmo por 2 segundos de sua vida.

Esse breve esboço indica que você possui um corpo quântico em uma dimensão singular. No nível quântico, há muito mais acontecendo do que o disparo de sinais elétricos. Há uma dimensão psicológica na realidade quântica que precisa ser explorada e uma dimensão espiritual que traz admiração e insights à condição humana. Essas dimensões são lindas, mas agora terão que esperar. Por enquanto, precisamos entender a natureza básica do corpo quântico. A ilustração abaixo mostra um esboço dessa configuração, na qual a realidade física existe acima da linha e a realidade quântica, abaixo dela.

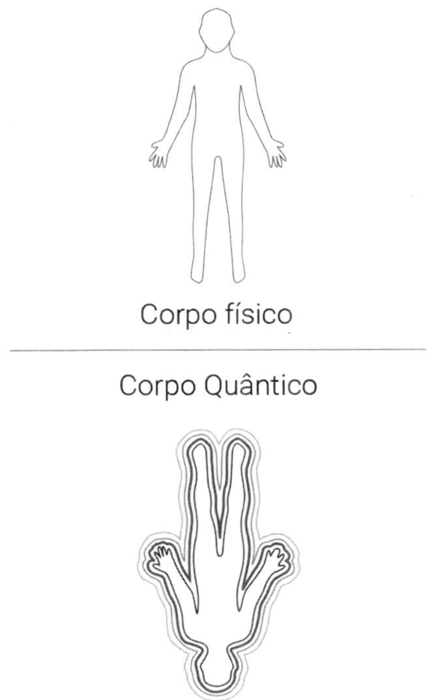

Usando termos científicos aceitos, um físico se referiria ao mundo acima da linha como mundo *macroscópico*, ou seja, o mundo dos objetos maiores que um átomo. O mundo quântico está no limite de ser físico, mas é muito, muito menor do que o mundo macroscópico. A escala é quase inimaginavelmente menor.

No mundo cotidiano, seu corpo físico tem uma forma definida, enquanto seu corpo quântico tem uma forma enevoada – ele se funde ao campo quântico, que é infinito em todas as direções. No nível mais refinado, todos os objetos físicos, inclusive seu corpo, dissolvem-se em uma nebulosa nuvem de energia. Em um nível ainda mais sutil, essa nuvem perde seus contornos totalmente, deixando de ter forma e desaparecendo como ondulações invisíveis no campo quântico.

Além desse ato de desaparecimento, o surpreendente é que a realidade cotidiana é controlada a partir do nível quântico. Seu corpo físico é como o conjunto de folhas e galhos de uma planta cujas raízes se expandem pelo subsolo, fora da sua vista. Se você ignorar as raízes e regar as folhas e os galhos, a planta morrerá. A analogia também se aplica ao corpo, que deve sua existência à emanação de energia do mundo quântico.

Não se deixe intimidar pelo termo técnico *quântico* e sua aplicação na física moderna. Basta saber de uma coisa: a sua verdadeira fonte – a origem daquilo que você é – existe no nível mais refinado da Natureza, que é o campo quântico. O fato de você ocupar o tempo e o espaço é um evento quântico. Assim também é com a existência da matéria e da energia de sua constituição física.

Você vem navegando pelo campo quântico por toda sua vida e essa jornada é de suma importância. O corpo que você vê no espelho não pode existir fora do campo quântico; nem seus pensamentos, sentimentos ou sensações. *Se você deseja resolver os problemas mais preocupantes a respeito de ter um corpo humano, especialmente doenças e envelhecimento, as respostas se encontram somente lá, na fonte.* O mesmo se aplica a transtornos e doenças mentais e psicológicos, de ansiedade e depressão à doença de Alzheimer. A razão pela qual esses mistérios permanecem sem solução se deve a uma visão limitada. Falhamos em buscar sua origem para além da carne e dos ossos.

Expanda sua visão e novas verdades surgirão. Aí vai a primeira e mais importante: nada pode acontecer a você, para bem ou para mal, antes que aconteça no nível quântico. Uma ondulação no campo quântico determina se você sente prazer ou dor, se você se apaixona, se sente hostilidade, se tem um insight ou mantém os mesmos pensamentos rotineiros em sua mente. Uma célula cancerígena se torna maligna por causa de uma distorção na sua atividade genética que ocorre como um evento quântico, antes de qualquer manifestação física da doença.

Uma visão expandida revela uma segunda verdade do tipo mais íntimo: o seu bem-estar e sua saúde, ou a falta deles, dependem inteiramente do campo quântico. Isso pode soar como uma generalização abrangente. Se você se sente vibrante e vivo, pode explicar esse estado de várias maneiras: tem uma autoestima boa; seu corpo está saudável e em boa forma; seus relacionamentos são amorosos e seguros. Suas finanças, seu sucesso no trabalho e até o clima podem contribuir. Mas esses elementos separados têm a mesma fonte, o campo quântico. E o corpo quântico é sua porção do campo, a parte que você chama de "eu" com corpo, mente e espírito.

Oferecemos aqui uma perspectiva revolucionária e nas páginas que se seguem, explicaremos melhor o que realmente é o corpo quântico e como torná-lo uma realidade diária. Mas a necessidade de um novo modelo para o corpo humano é urgente. O modelo que existe hoje caiu em muitos mistérios não resolvidos. Deixando de lado a luta contínua contra as doenças e o envelhecimento, a mecânica simples do nosso corpo é totalmente inexplicável. Considere alguns fatos básicos.

Neste momento, seu corpo físico é como um retrato que existe apenas por um instante, antes de tudo que você é seguir em frente, deixando a fotografia para trás como uma imagem descartada. O você que você vê em uma selfie não existe mais. Dentro de toda célula, mil processos se alteraram no tempo que você levou para ler essa frase. No mesmo instante, seu cérebro disparou padrões imprevisíveis entrelaçados em seus quatrilhões de conexões. Bilhões de moléculas de oxigênio entraram em sua corrente sanguínea, enquanto bilhões de moléculas de dióxido de carbono a deixaram. O simples fato de você perder 20 milhões de células da pele por dia indica a natureza transitória da vida.

O modelo atual do corpo humano está dominado por uma complexidade desconcertante. Em todos os níveis – físico, mental, emocional, entre outros – mudanças constantes continuam acontecendo e 99,999% dessas mudanças ocorrem automaticamente. Ou você se beneficia dessas mudanças ou é prejudicado por elas.

Esse é o X da questão do bem-estar e da saúde. Tantas coisas acontecem automaticamente que tentar empurrá-las em uma direção positiva parece impossível; é como tentar pegar a água de uma tempestade uma gota de cada vez. Mesmo com todos os avanços médicos em torno do genoma humano, o movimento do bem-estar permanece preso ao velho modelo. Ter saúde e bem-estar ao longo da vida é algo que vem se deparando com sérios obstáculos, incluindo os seguintes:

- Não importa a qualidade da sua dieta, você não tem controle sobre o que acontece com os alimentos quando eles entram no seu trato digestório.
- Não importa se seus pensamentos são positivos, você não tem controle sobre como eles interagem com uma vida inteira de memórias armazenadas, as relíquias de seus pensamentos passados.
- Não importa se o cérebro humano é perfeitamente compreendido, você não pode prever seu próximo desejo, vontade, medo, insight ou memória. Quando qualquer um desses impulsos surge, ele já desapareceu antes que o impulso seguinte apareça.

Isso é apenas o rascunho de uma lista das razões pelas quais nossa visão sobre bem-estar e saúde precisa ser revolucionada. Considere tudo o mais que a medicina moderna diz que não é passível do seu controle – sua resposta imunológica, a atividade dos genes, a capacidade das células de eliminar toxinas, os inúmeros microrganismos em seu trato digestivo. Cada área carrega inúmeros mistérios, mas o verdadeiro mistério é como você consegue existir como ser humano funcional.

Esse é o mistério que este livro pretende resolver. *A essência de quem você é, os 99,999% fora do seu controle consciente, está totalmente sob controle – no nível quântico. Seu corpo quântico mantém os principais interruptores para todas as funções dentro de si.* É nele que você pode encontrar seu verdadeiro eu. Seu verdadeiro eu abrange corpo e mente como um todo. Não é algo com uma localização fixa – não há uma região no cérebro que cria o eu. Ser o verdadeiro você requer que todo o fluxo da vida passe por você.

Como o campo quântico é infinito, seu corpo quântico também o é. Isso parece inconcebível se você se identifica apenas com seu corpo físico e suas muitas limitações. Mas a verdade começa a vir à tona quando você volta sua atenção para as informações. Tudo que existe pode ser reduzido à informação, como os 0s e os 1s digitais dentro do sistema operacional de um computador. Sua corrente sanguínea transporta bilhões de informações para cada célula, o que é impressionante, mas ainda não é infinito.

Chegamos perto do infinito com o sistema imunológico. Quando um glóbulo branco se depara com bactérias ou vírus invasores, o que realmente acontece é que informações se confrontam com informações. Se o glóbulo branco detecta que a informação genética do invasor corresponde a uma ameaça conhecida, o invasor é destruído. O sistema imunológico armazena o conhecimento de quem é amigo ou inimigo, desde a sua ancestralidade e até mesmo antes, com a ascensão dos hominídeos e com o surgimento dos mamíferos. Em termos de informação, uma única célula encapsula invisivelmente todas as respostas imunológicas de milhões de anos.

A informação é invisível, mas, tal como a matéria e a energia, não pode ser destruída, apenas distorcida. Se você tem rinite alérgica ou febre dos fenos, o pólen, que é uma substância completamente inócua, está sendo mal interpretado por seu sistema imunológico. A mensagem "Sou inofensivo" é lida como "Sou um perigo" e, com base na mensagem errada, a resposta alérgica dispara. Uma série de defesas – principalmente a ação da histamina, que provoca coriza, olhos vermelhos, congestão e baixa energia – faz você sofrer. O fato de que esses sintomas físicos se baseiam em informações invisíveis é a realidade. Mas onde acontece o erro?

Poderemos responder a essa pergunta se soubermos de uma coisa apenas: no nível quântico, a informação é perfeita. Antes de invadir seu corpo, uma partícula de poeira ou pólen é um grupo de substâncias químicas codificadas com informações; nenhuma delas é prejudicial por si só, assim como o hidrogênio e o oxigênio em uma gota d'água também não o são.

As informações inofensivas dão errado em algum lugar ao longo do caminho a seguir.

Corpo Quântico —> ? —> Corpo Físico

O ponto de interrogação representa um mistério profundo. De alguma forma, em algum lugar, a informação que começa perfeitamente inofensiva toma um rumo errado. Por quê? Por uma falha de inteligência. A razão pela qual o sistema imunológico é frequentemente chamado de "cérebro flutuante", é que cada glóbulo branco contém uma inteligência enorme. Ele sabe o que fazer. Portanto, se fizer a coisa errada – se fizer você espirrar o dia todo com rinite alérgica ou fizer uma criança alérgica a amendoim entrar em choque anafilático, o que é potencialmente fatal –, será uma falha de inteligência. Não há diferença entre uma célula imunológica se confundir com a identidade de uma partícula de poeira e você confundir um rosto na multidão com alguém que conhece, quando a pessoa na verdade é um completo estranho.

Seu corpo quântico é o centro de todos os processos que requerem inteligência, da mesma forma que uma usina elétrica é o centro de tudo que demanda eletricidade. A perspectiva de uma rede elétrica ser derrubada por falha técnica ou sabotagem é muito mais terrível do que a perspectiva de uma torradeira ou uma lâmpada queimar. Da mesma forma, a perspectiva de ver seu corpo quântico falhar contigo é muito mais séria do que qualquer sintoma isolado de doença e envelhecimento.

Chegamos às duas conclusões mais poderosas que norteiam este livro.

> A saúde e o bem-estar são enfraquecidos sempre que há uma falha de inteligência.
>
> A saúde e o bem-estar são fortalecidos quando a inteligência flui naturalmente.

Conforme destrincharmos essas duas ideias nas páginas seguintes, você será capaz de revolucionar seu estado de saúde e bem-estar a partir da fonte.

Felizmente, seu corpo quântico sabe como cuidar de você e nunca perde sua inteligência, uma migalha dela que seja. Doenças e envelhecimento surgem mais adiante. Quando alguém sucumbe a um ataque cardíaco ou a um câncer, a inteligência falhou em um dos sistemas (o sistema cardiovascular, no caso de um ataque cardíaco) ou apenas em uma única célula (a célula maligna a partir da qual o câncer se desenvolve). Em comparação, essa é a menor fração da inteligência que mantém cada célula viva.

Agora você está frente a frente com uma perspectiva empolgante. *Em vez de ficar preocupado com células, tecidos, órgãos e sistemas que não estão sob seu controle, você pode viver da fonte onde todos os controles são supervisionados por seu corpo quântico. Lá, toda a informação é perfeita, o fluxo de inteligência nunca está errado ou distorcido e as possibilidades criativas para o futuro são ilimitadas. Viver da sua fonte revela que o infinito é pessoal e está a nosso alcance.*

Vivenciar essa nova realidade requer habilidades que iremos ensiná-lo a dominar. Apagaremos o ponto de interrogação que mantém o corpo quântico como um mistério. Por sua própria natureza, o fluxo de inteligência deveria ser ininterrupto. As distorções locais podem ser corrigidas, mas isso só é possível no nível das soluções, e não no nível do problema.

Tenha certeza de que todos os aspectos do seu bem-estar e da sua saúde são controlados pelo corpo quântico. Seu verdadeiro eu espera por você lá, mantendo os segredos que vão além do mundo da imaginação.

PARTE UM

SAÚDE E BEM-ESTAR POR TODA A VIDA

COMO O BEM-ESTAR E A SAÚDE FICARAM ESTAGNADOS

Todos vivemos um paradoxo que precisa ser desvendado. No nível do corpo quântico, a existência é perfeita. Um fluxo de inteligência criativa organiza tudo, sem cometer qualquer erro. Não há envelhecimento, doença ou morte. O campo quântico ondula com energia vibrante, que é inesgotável. O paradoxo surge quando você muda seu olhar para o mundo cotidiano, que está repleto de imperfeições. Envelhecimento, doenças e morte acontecem para todos. O DNA que controla todos os processos vitais comete erros. As pessoas vivem com problemas para os quais não conseguem encontrar soluções criativas ou inteligentes.

Há milênios a solução para esse paradoxo escapa por entre os dedos dos seres humanos, mas a consciência continua evoluindo e, à medida que o faz, soluções parciais vêm aparecendo. Saúde e bem-estar envolvem soluções criativas em mais de uma dimensão da vida.

> ***A saúde e o bem-estar físicos*** existem se você consegue levar uma vida longa com bom estado de saúde.
>
> ***A saúde e o bem-estar mentais*** existem se você mantém o pensamento claro e aguçado.
>
> ***A saúde e o bem-estar psicológicos*** existem se você é feliz, e um dos principais componentes dessa felicidade é ser livre de ansiedade e depressão.
>
> ***A saúde e o bem-estar espirituais*** existem se a sua vida tem propósito e significado mais elevados.

Existem especialistas em todas essas áreas (médicos, psicoterapeutas, coaches pessoais, pastores, padres e rabinos) e nenhum deles é físico. A revolução quântica ainda não atingiu a questão complexa do bem-estar. Um físico tem o direito de dizer “Esse não é o meu trabalho”, mas a questão maior é que a conexão entre o campo quântico e a vida cotidiana ainda não foi feita.

No capítulo anterior, fizemos a conexão intelectualmente. Nosso objetivo era nos livrar do ponto de interrogação em um diagrama simples.

Corpo Quântico —> ? —> Corpo Físico

Agora você sabe que a inteligência criativa elimina o ponto de interrogação. A conexão entre o corpo quântico e o corpo físico é um fluxo de inteligência criativa que sustenta tudo o que existe. O quântico não habita um mundo microscópico totalmente separado da vida cotidiana. O campo quântico está na base do mundo. Com essa grande ideia em mente, precisamos apagar outro ponto de interrogação.

Perfeição —> ? —> Imperfeição

Se o mundo quântico funciona perfeitamente no nível dos quarks, dos elétrons, dos átomos e das moléculas, o que acontece para gerar as imperfeições da existência no dia a dia? Podemos dividir a questão nas principais partes de bem-estar e saúde.

Bem-estar e saúde físicos

A referência de base para a saúde física é a expectativa de vida. Por séculos esse foi um assunto sombrio (uma famosa citação do filósofo inglês Thomas Hobbes dizia que a vida no estado natural era “desagradável, brutal e curta”). A expectativa de vida moderna melhorou muito. De acordo com o U.S. Census Bureau (a Agência de Censo Americana), o homem norte-americano médio em 1960 esperaria viver por 66,6 anos; em 2015, esse número havia aumentado para 77 anos. Para as mulheres, o salto foi de 73,1 anos para 81,7 anos.

A pandemia de Covid-19 inverteu essa tendência, reduzindo a expectativa média de vida de 79 para 77-78 anos, mas essa expectativa de vida como um número bruto não é tão útil. Durante a pandemia, a expectativa de vida com saúde dos norte-americanos – o período de vida vivido com boa saúde, sem doenças crônicas ou deficiências – continuou a aumentar. Em 2019, a expectativa de vida com saúde média aumentou para 66 anos. No entanto, de um ponto de vista diferente, esse é um número muito desanimador. Isso implica no fato de que se enfrenta mais de uma década de doença crônica ou de deficiências antes que a pessoa morra.

Na verdade, a expectativa de vida com saúde enfrenta inúmeros obstáculos. O maior é a lacuna entre os norte-americanos brancos, instruídos e abastados, e aqueles que não têm essas vantagens. Em seguida, vem, ironicamente, a medicina moderna, que pode manter pessoas com doenças crônicas vivas por mais tempo do que já foi capaz. Um exemplo extremo é a chance de se morrer de derrame. Entre 1975 e 2019, as mortes por AVC nos Estados Unidos diminuíram drasticamente. Para as mulheres, as 88 mortes por AVC a cada 100 mil diminuíram para 31; para os homens, a redução foi de 112 para 39.

Infelizmente, permanecer vivo após um derrame não significa que sua expectativa de vida com saúde melhorou. Apenas 10% das pessoas se recuperam totalmente de um AVC, e quando acontece, é quase sempre de um AVC leve. Com um tratamento de reabilitação adequado, as melhorias surgirão em mais pacientes do que antes. Cerca de 25% têm apenas deficiências leves e 40% têm deficiências moderadas que demandam cuidados especiais, que podem ser caros e difíceis tanto para os pacientes como para os cuidadores.

Teoriza-se que a expectativa de vida pode chegar aos 95 anos e, nesse momento, os idosos são a faixa da população que mais cresce. Desse fato emerge a visão terrível de uma população de idosos deficientes e dementes. Muitas famílias já cuidam de pacientes com Alzheimer que não têm para onde ir. Um estudo estima que cuidar de alguém com demência reduz a expectativa de vida do cuidador em 5 a 8 anos.

Resumindo, a lacuna entre expectativa de vida e expectativa de vida com saúde é enorme. O bem-estar e saúde físicos chegaram a um beco sem saída. Você está preso em uma loteria da expectativa de vida que determina quem envelhecerá de maneira saudável de uma forma aleatória e imprevisível.

Bem-estar e saúde mental

O estado normal de bem-estar e saúde mental é ter uma mente clara, que pensa com precisão. O que as pessoas temem à medida que envelhecem são dois grandes inimigos: a perda de memória e a demência. Esse é um caso em que o medo superou a realidade. Depois dos 65 anos, cerca de 40% dos norte-americanos sofrem um pouco de perda de memória, e costuma ser algo pequeno o suficiente para permitir que a vida cotidiana continue normalmente. Pesquisas mais otimistas afirmam que 80% dos idosos essencialmente não sofreram perda significativa de memória.

Os índices de demência estão diminuindo ligeiramente. A boa notícia é que esses índices são muito mais baixos do que se pode perceber na mídia popular. A Organização Mundial de Saúde estima que apenas 5% a 8% das pessoas com mais de 65 anos vivem com demência e quase ¾ dessas pessoas têm mais de 75 anos. As estimativas norte-americanas parecem ser piores, mas os números provavelmente se devem a medições melhores. Cerca de 10% dos norte-americanos com mais de 65 anos vivem com Alzheimer.

Bem-estar e saúde psicológicos

A percepção de que vivemos em tempos difíceis não está errada. A Organização Gallup, que realiza pesquisas mundiais sobre o quanto as pessoas estão felizes, descobriu em 2022 que aparecia mais infelicidade, preocupação, insatisfação e dificuldades mentais do que nunca em sua investigação. O período de confinamento durante a pandemia aumentou muitíssimo o estresse de todos. Um dos resultados foi o aumento dos divórcios e da violência doméstica. Também houve aumentos nos índices de depressão e ansiedade, mas a elevação e a queda nesses números são enganosas.

Nos melhores ou nos piores momentos, a depressão e a ansiedade já estão em níveis epidêmicos. Não há cura para esses transtornos, especialmente em casos crônicos (crises leves de depressão tendem a melhorar por conta própria). O único recurso, quando se trata de opções terapêuticas convencionais, é prescrever medicamentos que aliviam os sintomas. A psicoterapia pode trazer melhorias duradouras, mas consome tempo e dinheiro demais para qualquer pessoa menos privilegiada. Literalmente bilhões de dólares são investidos em um problema que não pode ser resolvido, apenas para dar uma cara melhor a ele. Em casos de depressão leve a moderada, por exemplo, os principais antidepressivos mal conseguem ter um desempenho melhor do que os placebos.

A psicologia é complexa e podemos descartar estatísticas que não ajudam a situação. Quase um em cada cinco adultos norte-americanos vive com alguma doença mental, mas, segundo outras estimativas, mais que o dobro desse número de pessoas tem algum tipo de problema psicológico e deveria procurar ajuda. A comunidade da psicoterapia afirma que 75% das pessoas que fazem terapia obtêm algum benefício, mas um estudo mais conhecido mostrou que as pessoas na lista de espera para consultar um psiquiatra melhoram mais do que quando realmente entram em consulta.

Até mesmo o nível básico de felicidade normal é profundamente questionável. O estudo da psicologia humana seguiu durante muito tempo um modelo médico, o que significa que o foco estava na doença e em como aliviá-la. Somente nas últimas décadas surgiu o campo da psicologia positiva, que analisa como otimizar a felicidade. Mas não há consenso, com exceção talvez da sombria conclusão de que a felicidade é algo difícil de se alcançar e, uma vez alcançada, é temporária.

As pessoas são muito ruins em prever o que as fará felizes no futuro. "Se eu tivesse X" não é uma ideia confiável, seja X um bebê, mais dinheiro, um emprego melhor ou o cônjuge perfeito. Mesmo quando esses objetos de desejo são alcançados, as pessoas não experimentam o aumento de felicidade que esperavam e, por vezes, nem sequer a experimentam. Ser pai/mãe no primeiro ano de um bebê recém-nascido é uma das experiências mais estressantes da vida. Um terço dos ganhadores da loteria acaba declarando falência depois e 70% deles acabam quebrados. O fardo de ter uma enorme sorte inesperada muitas vezes leva a uma condição diagnosticável conhecida como Síndrome da Riqueza Súbita. Seus sintomas incluem depressão, paranoia, isolamento social, incerteza e choque. Nos piores casos, a pessoa sofre crise de identidade. A resposta à pergunta "Quem sou eu?" é um choque para o sistema quando você fica rico de repente.

Resumindo, a felicidade é um mistério antigo que a vida moderna não resolveu e que o estresse moderno complicou.

A realidade não morde

É bom ser realista e, realisticamente, o paradoxo da saúde e bem-estar não está sendo resolvido. Os meios atuais mal indicam uma direção, apesar dos avanços médicos e das dádivas da tecnologia moderna. Ninguém ficou mais feliz de maneira significativa por comprar o último iPhone ou a mais moderna TV gigante de tela plana. As velhas estratégias que mal funcionavam – enriquecer, ganhar prestígio social, casar bem, alcançar uma posição de poder – tiveram sucesso limitado no passado. Repetir o mesmo comportamento no futuro não melhorará os resultados.

O modelo quântico oferece uma solução, porque se baseia na realidade "real", e não nos nossos desejos e nas falsas esperanças. O domínio quântico é o que dá a esse mundo a sua realidade. Um dos ditos mais importantes extraídos do Bhagavad-Gita é uma declaração do Senhor Krishna: "Eu sou o campo e o conhecedor do campo." Essas palavras são proferidas na véspera de uma batalha feroz com guerreiros em carruagens, alinhados em ambos os lados. O campo de batalha será o mundo deles quando o amanhecer chegar.

Mas o Senhor Krishna transforma o campo de batalha no campo da vida quando diz: "Eu sou o campo." Ele quer dizer que a essência divina em cada um é a totalidade da vida, e que ela tudo sabe. Em um paralelo notável, o mesmo pode ser dito sobre o campo quântico. Se olharmos com bastante profundidade, descobriremos que somos o campo quântico e que tudo é conhecido ali. Neste livro, evitamos totalmente o misticismo, mas um famoso teólogo medieval teve um insight 900 anos atrás, na Alemanha. Nascido Johannes Eckhart por volta de 1260 na região feudal da Turíngia, ele se tornou o místico mais conhecido como Meister Eckhart.

Um de seus ditos poderia ter sido proferido por alguém vivendo em uma realidade quântica. "Deus está criando todo o universo, completa e totalmente, neste presente momento. Tudo o que Deus cria, Ele cria agora de uma só vez." Traduzidas de uma perspectiva religiosa, essas palavras não são místicas. Elas descrevem o que o campo quântico está fazendo – criando todas as experiências agora, e todas de uma vez. Os mínimos detalhes se conformam ao quadro maior. Essa é outra forma de se enxergar o bem-estar e a saúde. E se a resposta estiver aqui e agora, de uma só vez?

Acreditamos que ela esteja. Conectar-se à realidade quântica o leva do nível do problema para o nível da solução. O estado perfeito do corpo quântico deveria ser o ponto de partida de todos nós. Caso contrário, continuaremos a vagar incansavelmente de um problema para outro. Uma pandemia diminui, mas uma guerra começa. O crescimento econômico volta, mas a inflação dispara. Você pode ficar fixado em más notícias para o resto da vida.

É preciso um caminho melhor, um caminho de fuga. Meister Eckhart deu uma pista ao afirmar que "Deus está mais próximo de mim do que eu mesmo estou". A fonte primordial está mais próxima de nós do que o eu com o qual nos identificamos. Vá até a fonte e o verdadeiro eu estará lá, oferecendo a possibilidade de saúde e bem-estar para toda a vida pela primeira vez.

A SOLUÇÃO QUÂNTICA

Se você adota uma perspectiva quântica, a questão toda da saúde e do bem-estar é que o assunto permanece preso no nível do problema. Um dos princípios fundamentais que revelamos é que o campo quântico não envelhece nem adoece. Ele opera através do fluxo de inteligência criativa e, a menos que o fluxo seja bloqueado ou distorcido de alguma forma, a vida sempre estará evoluindo. Em termos pessoais, isso significa que suas escolhas apoiarão à evolução em seu corpo, sua mente e na psicologia (o espírito também precisa ser incluído aqui – esse assunto será abordado no Epílogo escrito por Deepak).

No nível da solução, as coisas parecem bem diferentes. Não confrontamos os *resultados* dos erros, mas a *causa* desses erros. Chegando à causa, você pode fazer as perguntas certas e tomar as medidas corretivas necessárias antes que os sintomas apareçam. Em primeiro lugar, você deve buscar suporte no corpo quântico. Mais à frente, esse suporte se transforma em funcionamento saudável das células, dos tecidos e dos órgãos. Quanto mais perto você chegar da fonte, mais poderosas serão suas ações.

Considerando-se os diversos aspectos do bem-estar e da saúde, a inteligência criativa é o denominador comum que se aplica a todos. Vamos pegar uma questão crítica que deveria preocupar qualquer pessoa, uma sobrecarga do sistema nervoso.

O ritmo frenético e o estresse crônico da vida moderna passaram a sobrecarregar o sistema nervoso central, em especial o sistema nervoso involuntário ou autônomo. Ele é responsável por todos os processos que acontecem, independentemente de suas ações conscientes, desde os batimentos cardíacos até a respiração e digestão. Mas não fomos projetados para sermos robôs, todos nós fazemos intervenções que afetam o sistema nervoso involuntário. Nesse ponto, quando fazemos qualquer coisa conscientemente, o outro lado, o sistema nervoso voluntário, entra em ação. A inteligência criativa governa os dois.

Na vida de inúmeras pessoas, muita coisa está acontecendo rápido demais. As respostas automáticas herdadas dos nossos antepassados pré-históricos estão nos prejudicando em vez de ajudar. As configurações padrão do cérebro, que deveriam devolver o corpo a um estado normal de equilíbrio, vêm se revelando ineficazes. Somadas, essas distorções do funcionamento normal, levaram a uma sobrecarga coletiva do sistema nervoso central.

Para sondar onde você está nesse cenário, aqui vão as causas típicas dessa sobrecarga. A lista não segue uma ordem específica, pois o estilo de vida de cada pessoa tem um perfil diferente.

Por que você fica sobrecarregado?

Excesso de trabalho
Pressões no trabalho
Levar trabalho para casa
Ansiedade e depressão
Falta de tempo ocioso durante o dia
Falta de sono de boa qualidade
Falta de atividade física
Distrações constantes (mensagens de texto, videogames, notícias 24 horas por dia)
Estresses familiares e de relacionamentos
Dieta de má qualidade, alimentação excessiva
Trauma grave
Doença física
Ruído excessivo

Todas essas causas, que podem ser físicas, mentais ou psicológicas, são típicas da sociedade moderna em todo o mundo. Seria raro alguém que não reconhecesse algumas, senão muitas, dessas maneiras pelas quais o sistema nervoso fica sobrecarregado. E isso não acontece de uma só vez. Aprendemos a aceitar como normal um nível diário de estresse, velocidade, ruído, distração e pressão que nossos corpos mal estão preparados para administrar.

Filtradas pela inteligência criativa, cada uma dessas causas prejudiciais enfraquece a ligação com a nossa fonte, e distorções começam a surgir. O que o corpo deseja quando acontece qualquer distorção é voltar ao seu estado normal de equilíbrio ou homeostase. Ao contrário de uma balança de banheiro, que volta a zero assim que você sai de cima dela, seu corpo usa o equilíbrio dinâmico. Ele se ajusta àquilo que você está fazendo. Se você corre uma maratona, corre no parque ou passeia por uma loja de departamentos, seu corpo sabe a diferença e adapta-se de acordo. A inteligência criativa sabe retornar ao estado de homeostase mesmo depois das atividades mais extremas.

Não são necessários padrões prolongados e repetidos de desequilíbrio para prejudicar seriamente a homeostase. Em um estudo clássico de atletas universitários na década de 1930, os participantes permaneceram na cama sem se levantar durante 2 semanas. Nesse curto período de tempo, eles não perderam duas semanas de força muscular, mas 2 *anos*. A causa dessa perda drástica é conhecida clinicamente como "atrofia por desuso" ou, usando uma linguagem corriqueira, "aquilo que você não usa, perde". Em 2016, o estudo foi repetido com a tecnologia médica moderna. Jovens adultos do sexo masculino permaneceram na cama durante apenas 1 semana e ao final houve uma perda de peso corporal magro (muscular) de até 1,36 kg e um declínio de até 30% na sensibilidade à insulina (a sensibilidade e a resistência à insulina são fatores cruciais nos níveis de açúcar no sangue associados à diabetes e à obesidade, entre outras doenças).

É notável que a inatividade danifica o corpo tão rapidamente, mas na vida moderna, o nosso estilo de vida de sedentarismo prolongado normalmente causa efeitos mais prejudiciais. A inatividade prolongada é um fator de risco para doença arterial coronariana, hipertensão e doença cardíaca. Estatisticamente, isso reduz a expectativa de vida, enquanto permanecer sentado por longos períodos leva a alterações estruturais nos vasos sanguíneos das extremidades inferiores.

Da mesma forma, o corpo responde rapidamente a pequenas mudanças que o ajudam a se reequilibrar. Para pacientes que estiverem em uma cama de hospital, o simples fato de se levantarem por 1 minuto aqui e ali durante o dia ou caminharem, se possível, previne as alterações prejudiciais de ficar deitado de bruços sem interrupção. Seu corpo é tão sensível à gravidade que ele responde a ficar em pé, mesmo na ausência de atividade real. A gravidade é uma força que opera no nível quântico, embora ainda não tenha sido integrada com sucesso à mecânica quântica.

Existem também os efeitos metabólicos de se ser totalmente sedentário. Por mais benéfico que seja o exercício regular, a melhora mais significativa não ocorre quando você começa a caminhar ou correr. Ela acontece quando você decide se levantar do sofá. Ficar em pé e movimentar-se, na verdade, é uma solução quântica. O metabolismo nos ossos e nos músculos exige que estejamos alinhados com a gravidade, mas existem outros processos quânticos em ação que só agora estão sendo descobertos.

Por que uma solução quântica?

A sobrecarga do sistema nervoso não é um distúrbio clínico. Não há medicamentos para tratá-lo, embora antidepressivos e tranquilizantes possam aliviar alguns sintomas mentais e comprimidos para dormir possam aliviar a insônia. Mas em nenhum dos casos a melhora é garantida. Bem mais importante do ponto de vista quântico é que a síndrome é muito abrangente. Você teria que mudar inúmeros comportamentos e condições do seu estilo de vida para realmente resolver o problema.

Ninguém consegue viver de modo ideal em tantos aspectos da vida. Lidar com a sobrecarga do sistema nervoso, um elemento de cada vez, pode levar a algum sucesso na área que está sendo tratada – você pode perder peso e parar de levar trabalho para casa, por exemplo –, mas as mudanças parciais não são globais.

Uma abordagem quântica acrescenta a este quadro dois insights críticos. Primeiramente, a sobrecarga do sistema nervoso começa no nível quântico muito antes do aparecimento dos sintomas diagnosticáveis. Em segundo lugar, pequenas áreas de desconforto, mesmo quando confinadas a poucas células, têm efeitos radicais nos tecidos e nos órgãos circundantes. No fim das contas, algo muito pequeno pode causar danos a todo o corpo se não for controlado.

Aguardaremos a seção científica deste livro (a parte quatro) para descrever o metabolismo quântico e as raízes quânticas de dois dos principais culpados da queda nos níveis de bem-estar e saúde: o estresse e a inflamação. Ambos apontam para a necessidade de soluções quânticas que abranjam a totalidade da vida. Aqui vai um breve esboço do porquê.

Informações científicas sobre o estresse estão disponíveis há mais de meio século, mas só recentemente foi demonstrado que os maiores danos não ocorrem devido ao estresse agudo (uma ameaça repentina à sua segurança física), mas pelo estresse diário de baixa intensidade que todos consideravam normal. Uma experiência clássica com ratos de laboratório trouxe sérias implicações para os seres humanos. Os ratos receberam choques elétricos leves em intervalos aleatórios. Os choques em si eram inofensivos, mas o estresse causado por não ser capaz de escapar deles não era. Muito rapidamente, os ratos mostraram sinais de estresse severo e envelhecimento rápido. O estresse prolongado de baixa intensidade também não é inofensivo para nós, se não conseguirmos escapar dele.

O mesmo se aplica à inflamação. A inflamação aguda (decorrente de uma ferida com sangramento, um osso quebrado ou uma queimadura) não é tão ameaçadora quanto a inflamação cotidiana de baixa intensidade, que normalmente causa danos aos micróbios que sustentam o processo digestivo encontrados no intestino (conhecidos coletivamente como "microbioma"). Termos como *trato digestório permeável* (do inglês, "leaky gut") surgiram para descrever o que acontece quando subprodutos tóxicos do microbioma entram na corrente sanguínea, desencadeando marcadores inflamatórios em outras partes do corpo. A inflamação não detectada pode agir como a faísca que incendeia uma floresta.

Com esse contexto em mente, nada poderia ser mais urgente do que a necessidade de uma solução quântica. No próximo capítulo, oferecemos três técnicas que são quânticas, porque contêm a chave para uma solução que se aplica a tudo neste capítulo, ou seja, restaurar o fluxo da inteligência criativa.

PRÁTICAS SEM ESFORÇO: RESPIRAR, SENTIR, ENXERGAR

Cada passo que você der para restaurar o fluxo da inteligência criativa aumentará sua saúde e seu bem-estar. Os passos mais poderosos estão muito mais próximos do que você pensa. Eles envolvem os processos mais naturais que conectam mente e corpo. Quando apontamos que 99,99% das funções corporais estão fora do seu controle, poderíamos ter expressado isso de forma diferente: você não precisa se preocupar com 99,99% das funções corporais. Elas acontecem além da nossa percepção, no nível celular.

Mas não apenas lá. Alguns processos são simplesmente negligenciados e três deles – respirar, sentir e enxergar – são de extrema importância. Eles têm algo em comum: você pode deixá-los acontecer automaticamente ou pode assumir o controle sobre eles (nos termos ensinados nas aulas de fisiologia, eles são controlados pelo sistema nervoso parassimpático e *parassimpático* significa "semivoluntário"). Nesse exato momento, o controle duplo de respirar, sentir e enxergar pode estar exercendo um efeito profundo em você. Tomemos a respiração como nosso primeiro exemplo, o que leva a uma prática para melhorar seu bem-estar e sua saúde que quase não demanda esforço.

Respiração de Corpo Inteiro

Qualquer sintoma de sofrimento, físico ou mental, se refletirá em sua respiração. A respiração é um barômetro sensível. A respiração curta e irregular é típica da resposta de lutar ou fugir, uma herança primitiva de um passado distante. Mas a respiração também muda durante a depressão, ataques de pânico, estresse contínuo, choques repentinos, excitação sexual e em muitos outros estados mais sutis, como quando se está "na zona ideal", quando tudo parece estar indo bem – a respiração será lenta, superficial e às vezes quase imperceptível se essa zona for suficientemente profunda.

> **A respiração ideal**, também conhecida como respiração iogue, é muito lenta e relaxada. Está ligada ao relaxamento geral. Nela, o corpo usa o oxigênio de forma muito eficiente (exigindo menos respirações); a mente fica relaxada, experimentando menos pensamentos e um "ruído" mínimo do pensar inquieto e inútil. Se a respiração iogue for levada ao extremo, é possível sobreviver em uma caixa lacrada e enterrada na terra por vários dias. O metabolismo é tão lento nessas condições que o corpo fica em um estado de animação suspensa.
>
> **A respiração sofrida** é rápida e superficial. Ela mal dá conta das demandas metabólicas do corpo. A causa pode ser alguma doença, oriunda de uma função pulmonar comprometida. Mais frequentemente, é causada por algum tipo de estresse, dentro do corpo ou por circunstâncias externas.
>
> **A respiração curativa** é diferente desses dois estados. É restauradora, permitindo que o corpo retorne à respiração normal depois de um estado distorcido. Aquela que cura, nesse caso, é a própria inteligência criativa do corpo, mas quando ela está comprometida, você se torna o curador ao tomar a decisão de melhorar sua respiração.

Façamos uma pausa para investigar o quanto a respiração humana é realmente avançada. Nenhuma outra criatura pode melhorar sua respiração conscientemente. Se você não estiver prestando atenção à sua respiração, ela o está mantendo vivo sem que você perceba. O fato de poder ignorar sua respiração é produto de bilhões de anos de evolução. Todos os seres vivos precisam de oxigênio e, no útero, você passou pelos primeiros estágios evolutivos da vida. Quando você não passava de uma única célula fertilizada, o oxigênio era absorvido através da membrana celular, da mesma forma que as amebas e as algas cianofíceas fizeram na água, nos estágios iniciais da vida. Antes de um embrião desenvolver seus pulmões, ele tem guelras iguais às de um peixe. Ao nascer, você inspirou pela primeira vez na atmosfera nua da Terra, algo que os anfíbios aprenderam a fazer quando emergiram dos mares primitivos.

Toda essa linha de desenvolvimento foi inventada por meio da inteligência criativa, que lembra cada passo do caminho. Mas a viagem não terminou com os mamíferos, nem mesmo com os mamíferos superiores, como os nossos antepassados primatas. O DNA de um gorila nas brumas das montanhas de Uganda é 98% idêntico ao DNA humano (pesquisas recentes indicam que os chimpanzés estão um pouco mais próximos, com 99%). Isso indica uma complexidade biológica próxima à do corpo humano, mas os primatas superiores estão presos no piloto automático de muitas maneiras que nós não estamos.

Todos respiramos. Seja o que for que um gorila decida fazer – caminhar, dormir, comer, acasalar –, sua respiração se conformará a essa ação. O mesmo mecanismo que restaura a homeostase está presente em todos os mamíferos. Mas nossos ancestrais hominídeos receberam um dom evolutivo único. Podemos respirar como quisermos, incluindo quando uma criança de 2 anos contrariada faz uma ameaça e prende a respiração até ficar azul. Sentado em sua cadeira neste momento, você pode suspirar, respirar ofegante, hiperventilar, marcar o tempo de sua respiração ou prendê-la (o recorde mundial de segurar voluntariamente a respiração é de 24min e 37,3s, alcançado por um homem na Croácia em 2021).

Então os humanos deram um passo evolutivo que rompeu a barreira física. Descobrimos a conexão mente-corpo na respiração. Isso abriu caminho para as técnicas avançadas de respiração na ioga (reunidas em uma área do conhecimento ampla chamada *Pranayama*). A ciência médica moderna levou muito tempo para alcançar uma compreensão à altura da respiração iogue. A descoberta veio por um caminho improvável, o nervo vago, que é um dos dez nervos cranianos que se ramificam a partir do cérebro – as autoestradas que transportam informações vindas do resto do corpo e de volta a ele.

O nervo vago acabou sendo o portal para a respiração curativa, conforme descrito a seguir.

PRÁTICA 1: RESPIRAÇÃO VAGAL

Uma grande surpresa aconteceu cerca de uma década atrás, quando se descobriu que uma técnica simples de respiração, conhecida como respiração vagal, é uma das formas mais eficazes de aliviar e reverter a resposta ao estresse. O alívio chega em questão de minutos e beneficia a grande maioria das pessoas que experimentam a respiração vagal.

O método é bem simples: a chave é expirar mais lentamente do que você inspira.

- Sente-se ereto, com a atenção nas costelas inferiores e na barriga.
- Inspire confortavelmente pelo nariz, até sentir que sua barriga está cheia.
- Segure e conte até quatro.
- Expire lentamente pelo nariz até sentir a barriga vazia e relaxada.
- Repita por 5 minutos, certificando-se de respirar confortavelmente sem forçar a respiração.

(Como uma variação simples, você pode inspirar pelo nariz e expirar pela boca.)

A respiração vagal lançou uma nova área de investigação importante conhecida como "teoria polivagal", que promete uma ampla gama de benefícios. Todas essas descobertas se baseiam na natureza do nervo vago, que é como um andarilho, percorrendo seu caminho por diversas partes do tórax, incluindo o coração, os pulmões e o sistema digestório. As funções que ele controla permanecem abaixo da sua consciência normal. A respiração vagal estimula todas as áreas que o nervo vago atinge. Podemos começar com o coração.

O tipo de respiração cortada e irregular que ocorre em situações estressantes está diretamente ligado ao batimento cardíaco rápido e seco que é típico da resposta ao estresse. Se você sofre de um, é muito provável que tenha o outro. Isso é muito importante se você quer se proteger do estresse, especialmente do estresse crônico e de baixa intensidade comum na vida moderna. O efeito imediato da respiração vagal no seu coração é tirá-lo de um ritmo estressado como se fosse uma bateria e levá-lo a um ritmo mais flexível e variado, que é sinal de um batimento cardíaco saudável. Na terminologia médica, você está restaurando a variabilidade da frequência cardíaca (VFC), o que, por sua vez, é uma das formas mais importantes de monitorar a saúde e o bem-estar. Está ficando claro que todas as pessoas preocupadas com o autocuidado deveriam considerar a adoção da respiração vagal como parte de sua rotina diária normal.

Como remédio para uma resposta crônica ao estresse, a respiração vagal treina o sistema nervoso novamente para reconhecer o que é o normal. Nesses momentos estressantes, o sistema nervoso de qualquer pessoa tolera uma carga extra, mas, tenha certeza, o sistema mente-corpo sempre quer retornar a um estado de equilíbrio em todas as situações. Há muito mais a se dizer sobre o estresse, mas esse é um bom começo para qualquer um, seja qual for o seu nível de estresse no momento.

A teoria polivagal ultrapassa a fronteira artificial entre mente e corpo. A respiração vagal estimula a resposta de relaxamento do cérebro, afetando a forma como você pensa, sente e percebe o mundo. O elemento da atenção plena entra em cena quando você percebe quando se sente estressado durante o dia e imediatamente faz uma pequena pausa para praticar a respiração vagal. Espalhando-se por uma extensa rede, o nervo vago é responsável por 80% da informação sensorial que chega ao cérebro, o que faz dele a via de informação para a pele e o trato digestivo. A impressão que se tem é que quase todas as partes do corpo estão em contato entre si por meio do funcionamento de um único nervo.

Se tudo isso parece surpreendente em termos médicos, do ponto de vista quântico, a totalidade vem em primeiro lugar. A inteligência criativa encontrou um caminho, via nervo vago, para manter a totalidade em primeiro plano. Essa é uma marca registrada das três práticas neste capítulo.

Percebendo-se por Dentro: a Interocepção

A próxima prática diz respeito a uma espécie de sexto sentido que consideramos algo garantido: a percepção de nosso corpo por dentro. A importância desse sentido negligenciado, conhecido como interocepção, foi descoberta recentemente (isto é, no Ocidente – a ioga contém muitas técnicas para a percepção interior). Seu corpo está constantemente enviando sinais que correm por baixo de sua percepção. Eles indicam que está acontecendo uma resposta em um nível sutil, que geralmente permanece inconsciente. Não há nem mesmo um nome que você possa dar a esses sinais, mas se eles ficarem fortes o suficiente, uma cadeia de eventos ocorrerá.

Primeiro, você percebe que algo mudou em seu corpo, geralmente na frequência cardíaca, na tensão muscular, na respiração ou no estômago. Em segundo lugar, você usa essas sensações físicas como gatilhos para uma emoção, que pode ser positiva ou negativa. Um batimento cardíaco acelerado pode indicar ansiedade, nervosismo, estimulação sexual ou um impulso de amor. Terceiro, você identifica a emoção, dá um nome a ela e reage. A importância da interocepção é que ela inicia uma cadeia inteira de eventos e, assim, funciona como a origem das emoções, antes de você saber que são emoções.

A medicina moderna está apenas começando a explorar as implicações desse processo para a saúde e o bem-estar. Alguém que não é sensível aos sinais internos do corpo pode não ser bom na regulação das emoções; isso conecta a pessoa a um risco maior de depressão e ansiedade. A interocepção também determina o quanto você fica confortável em seu corpo e o quanto consegue antecipar a percepção dos sinais de problemas internos. Há muito se sabe que pacientes frequentemente detectam um câncer antes que ele seja diagnosticado; eles têm uma sensação geral de que algo está errado sem conseguirem dizer especificamente o que é.

Como o cérebro e o corpo formam um ciclo de feedback, suas emoções também alteram os sinais enviados por seus órgãos internos. Em um estudo clássico realizado em Harvard, os voluntários assistiram a um filme de 50min sobre Madre Teresa e seu trabalho com crianças pobres em Calcutá, e após o filme, tiveram tempo para refletir sobre compaixão e bondade. Os pesquisadores descobriram que os níveis de um dos anticorpos mais importantes do sistema imunológico, o sIgA, aumentaram durante e após o filme. O Efeito Madre Teresa, como foi apelidado, durou 1h30min após o término da exibição.

Em termos quânticos, um único efeito – por mais positivo que seja – mal toca na superfície. A interocepção detecta sinais que ocorrem em um campo que abrange toda a gama de sentimentos. Ela abre um portal para que você possa "sentir" seu caminho para a saúde e o bem-estar. A palavra *sensação* (no sentido de *feeling*, em inglês, abrangendo o significado de percepção ou pressentimento) se aplica a muitas respostas relacionadas. Nós sentimos emoções. Temos a sensação de hostilidade em uma sala onde ocorreu uma discussão. Temos uma sensação de satisfação com o andamento de nossas vidas ou não. Considere qualquer área na qual insights e instintos entram em jogo. Como podemos acessá-los? Por meio dessas *sensações*. Quer você sinta perigo no ar, apaixone-se à primeira vista, tenha inspiração para produzir uma bela pintura quer experimente uma presença divina, a palavra *sensação* se aplica aqui. O fato é que essas sensações abrangem tudo na vida.

A interocepção é fundamental: funciona como uma espécie de sistema de alerta antecipado, enraizado em nossas células. Ela aponta o caminho para usarmos essas sensações como uma forma de restaurar o fluxo da inteligência criativa em nossos corpos. Tal como acontece com a respiração, existem três estados para as sensações que temos.

A sensação ideal é marcada pela sensibilidade a tudo em seu interior e ao seu redor. Você conhece e aceita suas emoções. Você simpatiza facilmente com outras pessoas. As mudanças em seu corpo são imediatamente percebidas, mesmo quando são muito sutis. Você experimenta o amor tão naturalmente como quando era criança. No nível mais sutil, sente a presença da bem-aventurança.

A sensação de sofrimento é altamente conflituosa. Você aceita algumas emoções, mas suprime outras. Você fica indeciso quando se trata de escolhas importantes na vida. Não tem certeza se é capaz de dar ou receber amor, porque o amor está repleto de experiências do seu passado de rejeição e decepção. Se essa sensação for levada muito longe, ocorre um estado de negação que mascara a ascensão e a queda naturais das emoções. Fisicamente, as impressões podem ficar tão bloqueadas que seu corpo fica anestesiado a todas as sensações, com exceção das mais fortes de prazer e dor.

A sensação curativa é necessária para restaurar todas as áreas insensíveis ou entorpecidas nas quais os problemas bloquearam o fluxo da inteligência criativa. Tal como acontece com a respiração (mencionada no início do capítulo), a cura acontece em três estágios. Você começa a perceber sinais do seu corpo. Você sente que esses sinais estão criando uma emoção e, finalmente, quando nomeia essa emoção, pode aceitá-la e lidar com aquilo a que a sensação o está levando.

O grau de sensibilidade com o qual cada pessoa aprendeu a viver varia enormemente. Em um extremo, uma pessoa que sofre de claustrofobia terá um ataque de pânico se tiver que entrar no espaço confinado de um elevador ou uma máquina de ressonância magnética. No outro extremo, outra pessoa consegue facilmente sentir os batimentos cardíacos e seu pulso simplesmente sintonizando-se com eles (com um pouco de treino, a maioria das pessoas aprende a fazer isso). O abuso – físico ou mental – entorpece a sensibilidade das pessoas ao sofrimento e torna possível a elas suportar um relacionamento abusivo em vez de encontrar uma saída.

Ampliamos o conceito de interocepção, mas a pesquisa médica tende a categorizá-la como um fenômeno restrito. Tudo aquilo que rotulamos como conexão mente-corpo está ocorrendo em algum nível de consciência. Os sinais químicos que as células emitem são marcadores de inteligência criativa. As células "sentem" à sua maneira, tanto e tão amplamente quanto nós. O argumento contra isso, que sustenta que apenas o cérebro é capaz de sentir, esbarra no mesmo velho problema. Exatamente onde, na cadeia de eventos, as moléculas orgânicas e os átomos de hidrogênio, carbono, oxigênio e nitrogênio aprendem a ser felizes ou tristes, ansiosos ou deprimidos? De uma perspectiva quântica, tudo o que é detectável na superfície da vida nasceu intacto e totalmente consciente no nível quântico.

PRÁTICA 2: ESCANEAMENTO CORPORAL

Qualquer passo que você der para aumentar a sensibilidade da sua interocepção terá um efeito curativo. Seu corpo é um fenômeno de campo, o que significa que ele funciona prioritariamente como um todo, não como uma soma das partes separadas. Estimular o campo melhora o bem-estar e a saúde, por isso seria algo artificial abordar a interocepção de forma separada – se você meditar, praticar a respiração vagal, praticar ioga ou melhorar seu estilo de vida sedentário, toda a área de sensações internas e externas será afetada (uma analogia meio caseira é feita na tradição da ioga: se você puxa uma perna da mesa, toda a mesa se move).

O resultado de aprimorar sua interocepção é uma melhor interpretação do seu corpo. Por exemplo, se você é corredor ou pratica exercícios na academia, o aumento da frequência cardíaca é interpretado como algo saudável, mas se você é sedentário, mesmo uma pequena percepção do batimento cardíaco pode ser interpretada como ansiedade. A fadiga causada pela falta de um bom sono pode ser suficiente para disparar uma espiral descendente em alguém propenso à depressão, enquanto outras pessoas simplesmente reclamarão de estarem cansadas.

A prática que recomendamos se chama escaneamento corporal, um procedimento simples que você pode fazer na cama, antes de dormir, ou a qualquer momento em que puder se deitar de barriga para cima sobre uma superfície macia e sentir-se relaxado.

Escaneamento Corporal Básico

- Deite-se de costas, com os braços ao lado do corpo e os olhos fechados. Respire fundo algumas vezes até se sentir relaxado.
- Sinta o peso do seu corpo lhe aterrar. A sensação é semelhante a de ser puxado para baixo para se conectar com a Terra.
- Deixe sua atenção vagar livremente por qualquer sensação. Pode haver tensão, rigidez ou desconforto nos seus músculos, no pescoço, na parte inferior das costas ou no estômago, por exemplo. Ou pode haver a agradável sensação dos batimentos cardíacos, da respiração e de seus músculos relaxados. Não julgue. Apenas sinta.
- Quando sua direção for atraída para algum ponto, faça uma pausa ali. Resista ao impulso de seguir em frente ou escapar da sensação, se ela for desagradável. Respire profunda e tranquilamente, e deixe sua atenção acalmar aquela área tanto quanto conseguir. Você pode visualizar o calor penetrando nos tecidos ou um banho de luz branca suave calmante naquela área.
- Não force o processo. Seu único objetivo é simplesmente sentir, sem ficar tenso nem desejar desviar sua atenção. Fique tranquilo. Fique dentro da sua zona de conforto. Ao mesmo tempo, faça uma pausa longa o suficiente para permitir que a impressão ou a sensação fique registrada, seja ela qual for.

- Observe se a sensação causa um reflexo emocional, como nervosismo, inquietação, aborrecimento, impaciência, irritação ou ansiedade. Ao notar essa resposta emocional, diga a si mesmo: "É apenas mais uma sensação. Não preciso atendê-la nem prestar muita atenção a ela."
- Seguindo o caminho natural que sua consciência deseja, pratique essa varredura corporal por 5 a 20min, o que for confortável. Se você adormecer durante a prática, é sinal de alívio do estresse e é perfeitamente natural.

A varredura corporal básica deixa você mais confortável com seu próprio corpo e suas sensações. Você está ajudando a inteligência criativa a reparar alguma fraqueza no ciclo de feedback entre corpo e mente. Ao mesmo tempo, há um efeito curativo que pode ser ampliado e estendido. Embora ainda não haja um corpo de pesquisa confiável sobre a interocepção e seus potenciais benefícios médicos, parece bem provável que possam estar à altura dos benefícios da meditação, os quais vem sendo amplamente documentados.

Expandindo sua prática

Você pode expandir a varredura corporal básica de várias maneiras. Algumas pessoas têm o hábito de fazer uma varredura completa, da cabeça aos pés, todos os dias, passando sistematicamente de uma área a outra. O objetivo é entrar em sintonia com aquilo que está acontecendo em um nível mais sutil. Com prática, você poderá adquirir uma sensibilidade notável.

Outra possibilidade é alterar os sinais percebidos. Se você detectar tensão, por exemplo, pode concentrar sua atenção na área afetada e firmar a intenção de que a tensão diminua. A intenção é não verbal, nesse caso. Não é o mesmo que usar a força de vontade ou desejar, mas algo mais como querer e confiar que sua atenção pode fazer a diferença, da mesma forma que uma mãe acalma uma criança que chora com sua atenção cuidadosa.

Se você quiser levar esse sexto sentido ainda mais longe, existem práticas avançadas de Hata Ioga e Chi-kung que se baseiam no aperfeiçoamento da consciência corporal. Muitas variantes do chamado "trabalho energético" também dependem de localizar onde a energia presa está por meio da interocepção e depois usar uma técnica específica, como a tonificação, para fazer a energia dispersar.

Esses são vislumbres das possibilidades abertas por uma percepção que a maioria das pessoas ignora durante toda a vida, mas tudo começa com a varredura corporal básica, uma prática fácil e muito útil.

Enxergando com Consciência

Pode parecer estranho dizer isso, mas o olho não vê. O olho é o instrumento para enxergar, assim como a televisão é o instrumento usado para assistir a um filme. Nunca diríamos que a TV está assistindo a um filme ou qualquer outra coisa, mas adquirimos o hábito de atribuir a visão aos olhos e ao caminho do nervo óptico, que leva ao córtex visual do cérebro. O cérebro também não enxerga nada, porque é necessário um observador para enxergar e sem um observador, o cérebro é cego.

O enxergar pode ser desenvolvido em um grau extraordinário se você é um observador consciente. Enxergar com consciência, na verdade, é o segredo para a consciência superior. Quando William Blake recitou com entusiasmo que era possível "ter o Infinito na palma da mão e a eternidade em uma hora", ele estava fazendo uma conexão quântica. A consciência é tudo que é necessário para enxergar longe assim. O alcance ilimitado da consciência humana é um direito inato de todos.

Enxergar tão profundamente quanto você deseja depende do seu estado de consciência. Estamos nos referindo aos muitos usos da visão interior, como ver o que é certo e errado, ver a beleza nas coisas cotidianas, ver a bondade nas pessoas e assim por diante. Mas quando se trata de ver o caminho para a saúde e o bem-estar para toda a vida, precisamos considerar os três estados que têm a ver com a respiração e as sensações.

> ***A visão ideal*** é clara a respeito do que é real e o que não é. Você se vê não como uma personalidade isolada baseada no ego, mas como o seu verdadeiro eu, o canal da inteligência criativa. Você não se engana com detalhes irrelevantes e distrações, mas enxerga a essência de qualquer situação. Você não está cego para as falhas humanas, mas vê o potencial em todas as pessoas. Diante de um problema para resolver, você vê que a resposta está no nível da solução e não no nível do problema. Em uma palavra, a visão ideal é o insight.
>
> ***A visão de sofrimento*** não é consciente ou, na melhor das hipóteses, é parcialmente consciente. A realidade é vista através de filtros. A maioria deles vem do passado, na forma de mágoas antigas, lembranças ruins e contratempos que obscurecem a situação atual. Outros filtros são produto do autojulgamento, da imaginação, da negação e de várias distorções que a personalidade egoica apresenta. No extremo do espectro, a pessoa pode ficar cega para os danos infligidos aos outros e a si mesma.

> ***A visão curativa*** traz clareza à visão turva (a analogia védica diz que é "como limpar a poeira de um espelho"). A meditação limpa a visão interior de uma pessoa, indo abaixo do nível da mente confusa e em conflito. Existe uma mente mais quieta e calma que pode receber aquilo que a inteligência criativa está transmitindo. Começar a ter insights é uma parte essencial da cura. Mas você também precisa perceber sempre que reage cegamente, respondendo de acordo com seus padrões, sem parar para aplicar um pensamento consciente.

A mente está configurada para usar respostas padronizadas, de modo que você não precise voltar à estaca zero ao lidar com alguma situação. Na verdade, seu cérebro está estruturalmente configurado com caminhos fixos conhecidos como sua "rede padrão". Quando você faz algo passivamente, como lavar a louça, fritar um guisado rápido de batatas raladas ou arrumar sua cama, a rede padrão está trabalhando em seu nome. Mas essa rede trabalhará contra se você tiver as mesmas velhas reações ultrapassadas ao seu cônjuge, ao seu trabalho ou à perspectiva de mudança.

Por outro lado, o pensamento consciente é ativo e demanda seu envolvimento pessoal. É a diferença entre pedir uma omelete e prepará-la ou entre ter uma opinião sobre política e escrever um ensaio sobre política que seja consistente. A lacuna entre reagir passivamente e engajar-se ativamente é uma armadilha que captura muitas pessoas.

Todo adulto já acumulou experiência de vida suficiente para ter muitas reações padronizadas. "Gosto de X" e "Não gosto de Y" abrangem uma infinidade de situações. Você pode navegar por toda a vida sem se envolver ativamente. Dessa forma, a inteligência criativa não é simplesmente bloqueada – ela nem sequer é convidada para a festa.

Cada passo que você dá para aumentar sua autoconsciência beneficia o seu bem-estar e saúde. Cada passo que dá para permanecer inconsciente afeta negativamente seu bem-estar e saúde. Aqui precisamos dar uma pausa para fazer uma distinção que confunde muitas pessoas. Ser autoconsciente não é o mesmo que ser excessivamente consciente de si ou autocrítico. Se você for desatento, vestir calça jeans e camiseta para ir a uma festa, chegar lá e descobrir que a festa exigia traje formal, provavelmente ficará extremamente consciente de si, ou seja, constrangido. O fato de todos os olhos estarem voltados para você é a marca de estar consciente de si.

Já a autoconsciência é a consciência expandida de sua verdadeira natureza. Não é nada constrangedor e, na verdade, não é algo com uma face pública – ninguém pode dizer, por seu comportamento, se você é autoconsciente ou não. A confusão entre esses dois estados resultou em certa má fama para a autoconsciência. As pessoas dizem automaticamente: "Não quero ouvir isso. Não me diga. A ignorância é uma bênção", ou alguma versão desse tipo de expressão. Esconder-se da realidade se torna algo a ser perdoado, porque a pessoa sente que a verdade será embaraçosa ou até assustadora, vergonhosa, isso se ela não trouxer culpa ou desilusão a ela.

Aqui cabe bem outro ditado védico: Livre-se de todas as suas ilusões e o que restar terá que ser real. Essas palavras são suficientes para levar à iluminação se você se dedica a enxergar a realidade da forma mais clara possível. Longe de causar sofrimento, a clareza total revela que a inteligência criativa e a consciência da bem-aventurança estão por toda parte.

A prática que recomendamos aqui não é nem remotamente tão desafiadora quanto alcançar a iluminação, mas se baseia no mesmo princípio de descobrir a realidade clareando sua visão interior. Enxergar com consciência é fácil quando você se acostuma e quanto mais você segue a prática, mais os benefícios se acumulam.

PRÁTICA 3: CENTRALIZANDO SUA VISÃO

A capacidade do corpo de retornar a um estado de equilíbrio é equivalente à capacidade da mente de fazer a mesma coisa. Os estudantes de medicina não aprendem sobre a homeostase mental, mas esse conceito é validado por várias experiências. Cada um de nós tem um ponto de equilíbrio emocional, por exemplo, subjacente ao nosso humor habitual. Quando ocorre uma reação emocional grave, como no luto sofrido após a perda de um ente querido, somos lançados fora do nosso ponto de equilíbrio emocional, mas tipicamente dentro de 6 meses voltamos a ele. De forma menos drástica, as mudanças de humor são, por natureza, temporárias. Felicidade e tristeza são experiências transitórias. Se elas permanecem, uma doença crônica pode se desenvolver, como o chamado "luto mórbido" ou "depressão crônica".

Sua rede de modo padrão (DMN) o sobrecarrega com pequenos e grandes graus de estagnação. Isso se revela com crenças e comportamentos automáticos e fixos. Durante toda a nossa vida ouvimos pessoas dizerem: "Nunca faria isso, nem em um milhão de anos" ou "Ela é sempre assim", sem perceber que afirmações absolutas indicam uma mente estagnada. As opiniões absolutas bloqueiam a mudança e excluem a inteligência criativa. Por definição, a oportunidade criativa seguinte surge do desconhecido. Ter medo do desconhecido, opor-se a novas ideias e insistir que as coisas sejam "do meu jeito ou não tem acordo" são respostas cegas que criam bloqueios. Muitas vezes temos orgulho dos nossos pontos cegos, o que faz com que pareça uma virtude permanecer inconsciente.

A prática a seguir coloca você no caminho de clarear sua visão e permitir que a inteligência criativa chegue até si nos níveis mental e psicológico.

Retorno ao Seu Ponto Zero

Assim como o campo quântico, sua consciência está em um fluxo constante. Em ambos os casos, o campo apresenta um ponto zero, um estado de repouso do qual surge a atividade. Sua consciência vivencia o ponto zero como silencioso, calmo, alerta e repleto de possibilidades ilimitadas. Graças à tendência da mente de retornar ao ponto zero entre cada pensamento, você tem acesso ao seu próximo pensamento. A consciência silenciosa é o útero de onde nascem todos os pensamentos e sentimentos.

Frequentemente, sua mente deixa de aproveitar esse processo natural. Você reverte ao modo padrão. Portanto, você opera a partir de velhos condicionamentos, reações automáticas, crenças estagnadas e postura defensiva do ego, que é defender-se da mudança. Como tudo isso acontece inconscientemente, você não consegue retornar ao ponto zero, a menos que intervenha e substitua as configurações padrão.

A prática é simples, basta seguir alguns passos.

- Fique atento sempre que perceber que está agindo por repetição, hábito ou rotina.
- Faça uma pausa e deixe sua reação automática desaparecer.
- Coloque sua atenção no centro do peito.
- Aguarde calmamente uma nova resposta que seja cabível à situação.
- Aja de acordo com sua nova resposta, mas se ela não aparecer, mantenha-se centrado e saia da situação assim que achar apropriado.

A beleza dessa prática é que ela produz resultados imediatos. Ou você recebe uma nova resposta ou se desliga sem causar conflito. Em ambos os casos, você superou seu modo padrão. Há também um benefício de longo prazo na prática. Você está treinando sua mente para retornar à mente silenciosa, e não às configurações antigas e habituais. Poderíamos dizer que está aprendendo a cada vez mais consultar o seu verdadeiro eu, que reside no silêncio.

Naturalmente, as situações não são iguais. Você pode identificar quando retornar ao ponto zero nas seguintes circunstâncias:

Quando você precisa do seu ponto zero?

- Você está envolvido em uma discussão que não leva a lugar algum.
- Você se ouve repetindo a mesma velha opinião.
- Está distraído e não consegue prestar atenção.
- Tem certeza de que está certo, não importa o que os outros digam.
- Não tolera que ninguém discorde de si.
- Atingiu um impasse emocional, em que tudo o que consegue encontrar são os conhecidos sentimentos de raiva, ressentimento, ansiedade, hostilidade ou indiferença.
- Você se sente desvalorizado ou incapaz valorizar a outra pessoa.

- Sente uma lealdade cega.
- Você se sente preso, sufocado, frustrado ou que teve algum tipo de perda.
- Está sobrecarregado pelo estresse e pela pressão.
- Você se opõe à mudança simplesmente para se opor à mudança.
- Está chateado ou angustiado.
- Chegou no limite e está a ponto de perder o autocontrole.

Ao perceber essas situações, que são comuns na vida de todos, você pode retornar ao estado de equilíbrio que é o seu ponto zero. No entanto, muitas vezes nos falta motivação para mudar. Não é só o fato de a força do hábito ser muito grande, mas todo mundo sente um desejo, no nível do ego, de vencer, de estar certo ou pertencer a um grupo, dependendo do seu tipo de personalidade.

Você não pode esperar que os hábitos se desfaçam por conta própria ou que seu ego desista de suas táticas que já duram uma vida. Somente a consciência pode curar a consciência. De repente, você vê que existe outra maneira – simplesmente lhe ocorre. Nesses momentos de insight, a inteligência criativa se conectou contigo. Você não pode pensar ou desejar chegar até lá; o fenômeno ocorre de acordo com o próprio tempo dele.

Meditação centrada

Você pode fazer uma pausa para aguardar uma nova resposta sempre que sente necessidade – a lista acima descreve as situações típicas em que você pode se encontrar. Mas também tem a opção de se familiarizar melhor com seu ponto zero na meditação. A prática permite que se aprofunde e fique mais centrado. Outro efeito é que você não será tão motivado por situações temporárias.

A meditação centrada é uma extensão da prática básica que você acabou de aprender.

- Encontre um lugar tranquilo onde possa ficar sozinho, sem ser incomodado.
- Feche os olhos e respire fundo algumas vezes, até se sentir calmo.
- Concentre sua atenção na área do coração.
- Respire naturalmente, sentindo a respiração vindo do coração e não dos pulmões.
- Não se importe se você se distrair com pensamentos e sensações. Volte suavemente a atenção para o coração e continue meditando.
- Depois de 5 a 10min, termine a meditação se sentando calmamente com os olhos fechados até se sentir pronto para retomar sua atividade diária.

É difícil manter uma prática regular de meditação – quase todo mundo fica tentado a parar depois de um tempo. Mas você pode continuar com a meditação centrada fazendo-a espontaneamente por 5min, sempre que sentir necessidade. É uma experiência agradável e interrompe seu dia minimamente.

UM REMÉDIO PARA O ESTRESSE QUE FUNCIONA

O estresse é uma questão que serve bem a uma abordagem quântica por diversas razões. Primeiro, porque o estresse não pode ser isolado e seus sintomas não podem ser tratados um de cada vez. É um fenômeno de campo, envolvendo corpo, mente, personalidade e história familiar. Em segundo lugar, o estresse começa em um nível muito mais sutil do que se pensava anteriormente. Terceiro, o melhor tratamento envolve uma mudança na consciência, curando as distorções no fluxo da inteligência criativa onde elas ocorrem, ou seja, muito antes que os sintomas médicos e os danos resultantes do estresse comecem a aparecer.

A esta altura você já está familiarizado com esse modelo de cura, o que o coloca à frente da grande maioria das pessoas – até mesmo dos especialistas. Da forma como está atualmente, o estresse é uma área na qual as melhores pesquisas não vêm conduzindo necessariamente a melhores soluções. As melhores pesquisas sobre o estresse levaram a uma conclusão que mudou toda a configuração desse campo. Tradicionalmente, o estresse havia sido definido como uma resposta súbita e aguda a uma situação que desencadeava a resposta de "lutar ou fugir". A menos que você esteja envolvido em situações extremas, como guerrear no campo de batalha, ser vítima de um crime ou acabar envolvido em um grande acidente de carro, provavelmente não precisará da resposta de "lutar ou fugir" que salvou nossos remotos ancestrais dos grandes predadores.

Houve uma grande mudança de perspectiva quando se percebeu que a vida moderna não cria fatores de estresse agudos, mas sim fatores de estresse crônicos constantes. A principal descoberta, que infelizmente é ignorada com muita frequência, é que o estresse crônico de baixa intensidade é o tipo mais prejudicial. A ameaça representada pelo estresse crônico é um alerta para quem acredita que viver em uma cidade barulhenta, permanecer em engarrafamentos intermináveis, trabalhar em um emprego sob alta pressão e passar por privações de sono são condições normais de vida. Você pode se enganar pensando que é assim que a vida tem que ser, mas a configuração evolutiva da resposta do seu corpo ao estresse, que tem milhões de anos, não concorda com isso.

Ninguém está imune ao estresse e, apesar das afirmações de algumas pessoas competitivas e poderosas, ninguém vive bem com ele. Então, o que pode ser feito a respeito? Infelizmente, a evolução não equipou muito bem o corpo humano para resistir ao estresse crônico de baixa intensidade, e ele por vezes passa despercebido, uma vez que os sintomas tendem a ser invisíveis até que surja um problema de saúde. Os sintomas relacionados ao estresse começam de forma vaga, com irritabilidade, letargia, fadiga e insônia. Se esses sinais não fizerem com que a pessoa resolva os fatores estressores de sua vida, o próximo estágio é físico, geralmente começando com dores de cabeça, uma insônia mais grave e problemas digestivos. Finalmente, o estresse de baixa intensidade contribuirá para condições médicas graves, que irão variar de pessoa para pessoa. Mesmo nos estágios iniciais, as respostas ao estresse variam amplamente e não podem ser definidas tais como acontece com os sintomas de um resfriado ou uma gripe.

Quando se trata de estresse, conhecimento é poder. Agora que você sabe que o estresse de baixa intensidade é prejudicial muito antes que apareçam os sintomas médicos, você pode montar a primeira linha de defesa, que é ter um sono de boa qualidade. O sono zera a resposta ao estresse; a insônia mantém a resposta atuando. Analisar honestamente relacionamentos e condições de trabalho que você sabe que são estressantes é a segunda linha de defesa. Onde a mudança é necessária, ela deve ser abordada, em vez de ser tratada com negação. As outras pessoas não levarão seu estresse a sério a menos que você leve. O condicionamento social nos ensinou a dar as costas ao estresse e considerá-lo inevitável, ou mesmo normal, mas para seu corpo não é nem um nem outro.

Uma solução de longo prazo requer conhecimentos um pouco mais profundos. Três fatores agravam o estresse: frequência, imprevisibilidade e perda de controle. Todo mundo tem um nível de estresse que se ajusta à sua zona de conforto, psicológica e fisicamente. Algumas pessoas conseguem aguentar a rejeição pelo sexo oposto, o que é estressante, sem piscar os olhos; outras pessoas guardam lembranças da primeira vez em que foram rejeitadas durante toda a vida. Mas não importa quem você seja, o estresse repetitivo irá superar sua resiliência inata. É por isso que qualquer soldado, por mais forte ou corajoso que seja, sucumbe à fadiga da batalha ou ao choque da guerra (também conhecido como transtorno de estresse pós-traumático, o TEPT) se permanece na linha de frente por muito tempo.

O remédio que melhor funciona contra o estresse é permanecer na sua zona de adaptação. Não há problema em ir além ocasionalmente, como ir a um parque de diversões assustador ou assistir a um filme de terror, quando a onda de adrenalina, um hormônio do estresse, é breve e ocorre sob condições controladas. Mas a repetição, a imprevisibilidade e a perda de controle são os principais fatores a serem abordados.

Considere a seguinte situação estressante: você tem que deixar sua casa amanhã com apenas uma mala de pertences, sem poder voltar por uma semana. Se você for forçado por seu chefe a fazer isso, provavelmente ficará muitíssimo estressado. Mas, sob uma perspectiva diferente, considere que a situação descreva suas férias de uma semana, quando você sai de casa com apenas uma ou duas malas. O primeiro cenário é estressante porque está fora de seu controle e não é planejado; o cenário de férias, embora possa ser estressante, é muito menos porque você está no controle.

Esses breves exemplos proporcionam uma medida para você permanecer na sua zona de adaptação, ou seja, a quantidade de estresse que consegue suportar e ainda assim retornar a um estado normal de equilíbrio. As indicações de que você saiu da sua zona de adaptação incluem o seguinte:

- Alguém tem controle sobre você de uma forma que o faz se sentir infeliz ou desamparado, como um chefe autoritário. Uma situação assim repetitiva faz você se sentir letárgico, deprimido e entorpecido.
- A mesma forma de pressão surge repetidamente, como ocorre com prazos diários nos estudos ou no trabalho. Você sofre em uma situação repetitiva a ponto de se sentir mais do que levemente ansioso.
- Alguém o ameaça com um ato aleatório de raiva, violência ou crítica pública.
- Você se sente sobrecarregado, uma resposta típica à situação de trabalhar em tempo integral e também cuidar da família e administrar uma casa.
- Você se sente sobrecarregado em ter que equilibrar suas finanças.
- Sua única reação a certas situações é fingir que não as vê, como se recusar a encarar o vício em drogas ou álcool em sua família.

Esta lista é necessariamente generalista, porque a tolerância das pessoas ao estresse varia muito. Alguém que discute aos gritos com o cônjuge pode estar habituado a esse padrão desde a infância e considerá-lo uma liberação saudável de emoções, ao mesmo tempo que a outra pessoa pode se sentir devastada com esse tipo de discussão e se fechar em sua mágoa silenciosa.

O estudo científico sobre o estresse rendeu outros insights úteis. Sabemos que um estresse que leva a uma resposta positiva (ou "eustresse") pode ser tão prejudicial quanto um estresse negativo. O exemplo clássico é que ganhar na loteria é tão estressante quanto perder um jogo de futebol. Os dados científicos, por mais valiosos que sejam, só ajudam realmente até certo ponto. Os militares já não estigmatizam mais soldados com TEPT agora que as pesquisas mostram a prevalência do problema. Mas a culpa e a vergonha ainda assombram as vítimas do TEPT, e não existe consenso sobre como tratar o transtorno.

A adaptação diante do estresse do dia a dia é, em última análise, psicológica. Você precisa conscientemente favorecer o seguinte:

- Sentir-se relaxado e sem pressão.
- Ter um relacionamento amoroso e gratificante.
- Ficar em sua zona de conforto.
- Experimentar alegria e deleite pelo menos uma vez por dia.
- Aprender a ser resiliente.
- Rejeitar a pressão de outras pessoas.
- Sentir-se bem consigo mesmo.

Por outro lado, você precisa diminuir conscientemente os fatores que promovem o estresse, incluindo os seguintes:

- Suportar condições abusivas em casa ou no trabalho.
- Submeter-se a constantes pressões de trabalho.
- Não ter tempo para relaxar.
- Minimizar o quanto um sono de boa qualidade todas as noites é necessário.
- Suportar tensões constantes em seus relacionamentos ou em sua carreira.
- Sofrer em silêncio, tornando-se um mártir.
- Fingir que sua felicidade não importa.

Como pode ver, há informações úteis e suficientes aqui para permitir que você cure o estresse em sua vida. A pesquisa médica valida o quanto o gerenciamento do estresse é essencial para nossa saúde. O que precisa mudar agora são as atitudes socialmente enraizadas que nos persuadem a tolerar o estresse para além daquilo para que nossos corpos e psiques foram concebidos. A maioria das pessoas ainda considera o gerenciamento do estresse uma ideia legal, mas que nunca é levada a sério o suficiente na prática. A adoção de um modelo quântico para o bem-estar e a saúde precisa atingir uma massa crítica de pessoas. O estresse é um componente importante do modelo quântico, mas ninguém o abordará seriamente, a menos que se perceba que o corpo quântico existe para trazer toda a cura necessária, em todos os níveis da existência.

BEM-ESTAR E SAÚDE MÁXIMOS

Bem-estar e saúde são muito mais desejáveis do que qualquer modelo médico sugere. Você pode estar fisicamente saudável sem a menor dor. Todos seus exames médicos podem ter resultados negativos e, por dentro, você pode se sentir psicologicamente despreocupado. No entanto, esse estado de bem-estar, que satisfaria os critérios de uma boa prevenção, não ultrapassa um limite importante. Acrescente ao contexto finanças estáveis, um bom emprego, uma vida familiar confortável e, mesmo assim, os fatores também ainda não ultrapassam esse limite.

A razão disso é que seu estado de bem-estar e saúde, invejados por muitas pessoas no planeta, não desafia de verdade o escopo total da inteligência criativa. Você é como um milionário contente vivendo com um salário de 1.000 dólares, porque não foi informado de sua riqueza verdadeira. O sonho de uma Idade de Ouro existe em todas as culturas. E por que não se realiza? Não é por nossos ancestrais terem sido tão ingênuos a ponto de se apegarem aos mitos. Mas a Idade de Ouro existe na consciência, não no passado distante (ou no futuro, nesse caso).

Quando você se aprofunda no funcionamento da inteligência criativa, todo o quadro do bem-estar e da saúde se expande. O bem-estar e a saúde máximos existem e funcionam independentemente das medidas aplicadas para o bem-estar e saúde cotidianos, que se preocupam principalmente em se manter fisicamente saudável e evitar os riscos que ameaçam a saúde nos próximos. No nível quântico, a vida que você deveria levar existe; ela está apenas esperando que você se conecte a ela.

Manter-se sintonizado

Passar a uma abordagem quântica não teria sentido sem inteligência criativa. Se você a excluir, acabará com eventos físicos vazios interagindo aleatoriamente, como sacudir feijão em uma lata. Moléculas de ar vibrantes, por exemplo, são um evento vazio. O ruído estridente das ruas de uma cidade pode ser dividido em ondas sobrepostas criadas pela vibração de moléculas de ar. Mas ninguém sai por aí ouvindo cada som aleatório nas ruas da cidade. Ao contrário de um microfone, que não tem escolha senão registrar toda a paisagem sonora caótica, nós nos sintonizamos com aquilo que queremos ouvir, destacando a voz de um amigo ou o sinal sonoro em uma travessia de pedestres quando o semáforo fica verde.

Somos seletivos naquilo que notamos, valorizamos, preservamos e prezamos. A visão de um cachorrinho vira-lata faminto em um comercial de abrigos de animais na TV pode provocar diversas reações, desde compaixão e amor até indiferença, incômodo ou uma lembrança repentina do primeiro cachorro que você teve quando criança.

É possível sintonizar-se apenas com experiências que são benéficas para o seu bem-estar e saúde? Quando a sua sintonia está perfeitamente interligada à inteligência criativa, é fácil ficar conectado à vida que deveria ter, enquanto alguém que está fora de sintonia com a inteligência criativa está fadado a ser carregado pelos altos e baixos dos eventos aleatórios.

Ninguém pode ficar totalmente fora da sintonia – o corpo quântico proporciona um alinhamento perfeito no nível das células, por exemplo. Mas os obstáculos criados pela mente (conhecidos como *vritti* no sistema da ioga) provocam distorções que o fazem ficar dessincronizado com sua vida ideal.

Dharma

Em um nível invisível, você está voando com um sinalizador que mostra o caminho da origem e é por isso que cada célula opera com a máxima precisão. Embora milhares de processos devam ser coordenados em trilhões de células, tudo acontece espontaneamente. Em termos de sua inteligência, a sua ligação ao campo quântico desafia qualquer concepção. Seu corpo físico está naturalmente sintonizado a esse sinalizador, no qual se pode confiar para que leve cada processo ao objetivo determinado.

O termo védico para esse sinalizador é *Dharma*, que deriva de um verbo em sânscrito que significa "manter". Não há um equivalente em algumas línguas ocidentais por vários motivos. Primeiro, porque a noção de uma inteligência cósmica que supervisiona a criação foi atribuída a Deus no Ocidente, onde a tradição religiosa foi estabelecida como adversária da ciência. Segundo, porque o fato de o Dharma operar de forma invisível funciona contra ele, relegando-o ao reino da crença ou da fé (como declara o Novo Testamento: "A fé é o firme fundamento das coisas que se esperam, e a prova das coisas que se não veem", Hebreus 11:1). Finalmente, o Dharma não consome energia, não ocupa nenhuma posição no espaço-tempo e não emite dados mensuráveis. Portanto, não tem utilidade para a ciência, incluindo a ciência médica.

O Dharma deve ser abordado como um projeto pessoal, cuja realidade é confirmada em sua própria consciência. Como permanecer alinhado ao sinalizador que já dá suporte a todas as células? Muito pode ser aprendido com a sabedoria do seu corpo. Suas células exibem sabedoria das seguintes maneiras:

- Elas ***sempre se comunicam***. As linhas de comunicação nunca estão fechadas. Nenhuma célula deixa de conversar com outra célula. Se ela parar de se comunicar, deve-se suspeitar de algo anômalo, como câncer.
- Elas ***cooperam*** para o bem de todo o corpo. As células não têm egos nem sentem necessidade de ficar isoladas ou ser superiores.
- As células ***confiam*** implicitamente que foram feitas para sobreviver e prosperar. Elas aceitam sem questionar que a Natureza fornecerá tudo o que for necessário, no instante em que for preciso.
- Essa confiança permite que as células ***vivam o momento*** sem se preocupar com o passado ou antecipar o futuro.
- As células encaram a vida de acordo com suas capacidades individuais, o que significa que ***elas sabem quem são***. Apesar de partilharem a mesma cadeia de DNA, as células do coração sabem que são células do coração e não do fígado ou do cérebro.
- Esse conhecimento torna a ***autoaceitação*** fácil e natural. Ao mesmo tempo, não há inveja ou ressentimento em relação às outras células. Para uma célula, ser ela mesma é totalmente gratificante.

Tomados em conjunto, esses atributos de sabedoria no corpo descrevem a possibilidade de sabedoria na mente. Sempre que você se pega agindo em oposição à vida que deveria levar, está se afastando do Dharma. Em outras palavras:

- Você deixa de se comunicar com outras pessoas, e saber o que você precisa e o que a outra pessoa precisa se torna algo difícil. No extremo, esse comportamento leva ao autoisolamento.

Você mergulha na negatividade do ressentimento, do ciúme, da raiva, da depressão ou da solidão, os subprodutos psicológicos do isolamento.

- Você resiste a cooperar com os outros e escolhe torná-los seus rivais, se você for do tipo competitivo. Ou eles se tornam objeto de sua indiferença, se você for especialmente egoísta ou narcisista. Normalmente, porém, a cooperação cessa porque a barreira do "outro" torna as outras pessoas estranhas à "minha tribo".
- Você não confia que está destinado a prosperar. Em vez disso, vê o mundo como se estivesse alinhado contra si. As forças da natureza são esmagadoramente poderosas em comparação às suas habilidades fracas, e você vê ameaças surgindo "lá fora" como uma suposição imediata.
- Você acha impossível viver no presente. Sua mente está constantemente em movimento, mantendo-o preso dentro de uma bolha mental. Não há abertura para o instante seguinte, e sem abertura você não consegue estar presente ou existir no agora.
- Você perde de vista quem realmente é, sendo guiado de um lado para o outro por um fluxo constante de desejos, demandas e deveres. Como eles são em grande parte ditados pela necessidade do ego de se encaixar e ser aceitável socialmente, o verdadeiro eu permanece oculto.
- Você não sente autoaceitação, porque o ego e todos os artefatos criados pela mente que preenchem seus pensamentos levam a um sentimento de identidade inquieto. Esse eu é uma construção instável, uma colcha de retalhos de experiências passadas, e a experiência forte seguinte – especialmente uma negativa – abalará seu senso de identidade. Um tipo de insegurança alimenta todos os outros.

Muito pode ser conseguido aplicando-se essas duas listas, a primeira como um guia para uma *vida dhármica* e a segunda como uma proteção contra o oposto, uma *vida adhármica*. O Dharma está sempre ciente de você; o sinalizador luminoso brilha em constante consciência. Em troca, você deve começar a ter consciência do Dharma. Não é difícil, porque uma vez sintonizado, sua vida se torna mais fácil e gratificante. A vida que você está destinado a viver pode parecer distante ou intermitente, mas a beleza do Dharma é que a oportunidade para uma vida ideal nunca o abandonará. Nada é mais inspirador que isso.

Tornando o processo pessoal

Até agora, a descrição do Dharma foi formulada em termos gerais, pois se aplica a todos. A possibilidade de que a Natureza já ofereça a vida que você está destinado a viver é inspiradora, mas ainda não é específica e pessoal. Porém, o Dharma não é nada, senão pessoal. Ele não faz exigências de moralidade ou por regras de conduta, nada externo desse jeito.

O Dharma é íntimo. Seus sinais chegam a cada momento, de sentimento em sentimento, de pensamento em pensamento. A sintonia deve funcionar no mesmo nível. Isso está de acordo com o axioma psicológico que diz que é melhor sentir qual é seu caminho na vida do que tentar defini-lo com o pensamento.

(Nota: O uso da letra "d" minúscula a seguir designa sua porção individual do Dharma cósmico.)

Como sentir que você está em seu dharma

Você acha fácil permanecer centrado e retornar ao seu centro se nota que está distraído ou estressado.

O estresse não é um problema constante.

Você gosta do seu trabalho.

Seus relacionamentos têm como base o amor, que se manifesta todos os dias.

Você pode se voltar para dentro e se conectar a uma sensação sutil de felicidade.

Você se sente leve, tanto física quanto mentalmente.

Você está satisfeito com quem é neste momento.

Seus desejos se movem com facilidade, e não há luta para que sejam alcançados.

Você vê um caminho à frente.

Você confia que sua vida tem o apoio de um ser ou uma inteligência superior.

Você consegue tempo para os valores mais importantes da vida: amor, compaixão, empatia, insight, criatividade, beleza, verdade e crescimento interior.

Você vê o valor nos outros.

Você tem uma percepção de como seguir o fluxo. Você não oferece resistência nem insiste em estar no controle.

Você não se preocupa nem fica pensando nos piores cenários possíveis para as situações.

Você sabe que pode ser amado, e que pode amar de volta.

Você está vivendo sua verdade da forma como a define.

Você não está amarrado à aprovação ou à desaprovação de outras pessoas.

Você mantém suas antenas sintonizadas com o que está acontecendo dentro e fora de si.

Você é relaxado e aberto.

Você não se incomoda demais com a incerteza, mas a vê como parte da chegada a uma solução criativa.

Você vê sua vida como criativa em geral.

Suas experiências espirituais são genuínas.

A razão pela qual esta lista é tão longa é que a vida que você está destinado a viver é abrangente. Contém tantas dimensões quanto a experiência humana permite que existam, um espectro de possibilidades que é infinito. Não é necessário que cada item seja ticado e confirmado. O propósito por trás da lista é transmitir o amplo espectro de sentimentos – físicos, mentais e espirituais em suas implicações – que são íntimos para si quando você está sintonizado com seu dharma.

Alguns desses sentimentos virão à tona todos os dias, mas outros não. No entanto, se você estiver sendo bem-sucedido em "sentir" o seu caminho pela vida, nada parecerá estranho. A maneira mais natural de se viver é no seu dharma. O maior presente da autoconsciência é que você pode provar isso a si mesmo todo dia, vivendo com amor, verdade, beleza e felicidade como seus objetivos. O bem-estar e saúde máximos não exigem menos que isso.

PARTE DOIS

A REALIDADE QUÂNTICA É A SUA REALIDADE

ABRAÇANDO O MISTÉRIO DE SI MESMO

Nós o convidamos a se juntar a uma revolução no bem-estar e na saúde, baseada em um novo e melhor modelo para o corpo humano – a realidade quântica. Agora é hora de mergulhar mais fundo nessa realidade, porque ela é a realidade "real", escondida sob a superfície da existência cotidiana. Há mistérios mais profundos a serem resolvidos e nosso objetivo é trazer esses mistérios para perto de nós, e mostrar que, para ser totalmente humano, você deve abraçar o conhecimento que o domínio quântico revela. Não é apenas o mistério acerca da origem do Universo que requer uma resposta quântica. Você também demanda algo assim. Você é um mistério que precisa de respostas quânticas.

Apesar de a física quântica se concentrar nas menores partículas da Natureza, essas partículas exibem comportamentos que se estendem ao mundo cotidiano.

O primeiro comportamento é o ***entrelaçamento***. Basicamente toda matéria e energia estão interconectadas no campo quântico. Duas partículas subatômicas que agem como pares podem ser separadas por uma distância de milhões de anos-luz e, ainda assim, se uma partícula muda seu spin, sua parceira instantaneamente altera seu spin também, mas na direção oposta, como em uma dança cósmica. Em outras palavras, o entrelaçamento de alguma forma desobedece à regra de que nada pode viajar mais rápido do que a velocidade da luz. A conexão ao campo quântico permite a ação do poder organizador que impede que estruturas complexas se desintegrem. A ordem emerge do caos.

Aplicado à vida cotidiana, o entrelaçamento também é responsável pela ordem. A maneira organizada como seu cérebro produz pensamentos a partir de atividades químicas e elétricas aparentemente aleatórias, a forma precisa de como a energia é usada em cada célula e a capacidade do seu sistema imunológico de monitorar milhares de micróbios invasores potencialmente perigosos são exemplos que vêm ao pensamento de imediato. No entanto, os eventos ordenados que formam cadeias no seu corpo são incontáveis. Tudo está entrelaçado a todo o resto.

O segundo comportamento é a ***não localidade***. A não localidade é a forma como a totalidade produz coisas individuais, no sentido de que o campo quântico, embora infinito em todas as direções, dá origem a atividades ondulatórias, ou ondas, que se transformam em partículas. Esse é o ato básico de criação no cosmos e em seu corpo. Embora na Natureza se apresentem como coisas separadas, das menores às maiores – quarks, elétrons, moléculas de água, micróbios, plantas, animais, planetas, galáxias e tudo o mais –, nada é puramente um evento local. Vá mais fundo na investigação, e você irá se deparar com a não localidade como lei principal. O menor espelha o maior.

A não localidade é exibida em seu corpo pela forma como cada célula trabalha para preservar o todo. Cooperando e comunicando-se com outras, cada célula tem duas missões: primeiro, sobreviver e prosperar por conta própria; segundo, promover o bem-estar e a saúde do corpo todo. As células imunológicas que engolem um vírus invasor para destruí-lo cometem suicídio quando fazem isso. Cada célula possui uma espécie de interruptor de segurança interno para monitorar erros e se um erro ocorre, ele é corrigido ou a célula voluntariamente morre. No cérebro, os pensamentos individuais surgem e desaparecem, mas o cérebro supervisiona todo o próprio processo de pensamento, independentemente do pensamento específico que você possa estar tendo. Em todos esses exemplos, a não localidade afirma a primazia do todo sobre as partes.

O terceiro comportamento é a ***transformação de quanta em qualia***. *Qualia* é o termo em latim para “qualidade”, palavra que, traduzida de forma ampla, significa as características que alguma coisa apresenta. O Sol é quente, o espaço interestelar é frio, a água é líquida, o granito é sólido. Esses *qualia* emergem do campo quântico, embora o campo e as partículas elementares que ele produz não deem nenhuma indicação da razão pela qual isso deveria acontecer. Os mesmos quarks, elétrons, prótons etc. são encontrados no Sol, flutuando no espaço interestelar ou na constituição da água e do granito. Uma transformação acontece entre o mundo quântico e o mundo cotidiano (em física, o termo típico para isso é *propriedade emergente*).

Graças ao aparecimento, como em um passe de mágica dos qualia, os cinco sentidos evoluíram para detectá-los. Visão, audição, tato, paladar e olfato são detectores de qualia. O cerebro é centro de origem dos cinco sentidos e ali, uma porção de matéria mole de 1,5kg produz o mundo em 3D com cores e luz, embora o órgão consista de matéria cinza e branca. Ruído e música emergem do silêncio total do cérebro. E mais, além dos cinco sentidos, pensamentos como medo, desejo, intuição e raciocínio também estão ligados aos qualia. Sem qualia, você não teria qualquer experiência.

E ainda assim, devemos ter cuidado. O cérebro não é a origem da transformação de quanta em qualia. Usando o princípio da não localidade, é o campo quântico que gera as transformações. O cérebro é apenas um evento localizado. Ele é feito de quanta e de qualia em si. Assim é tudo na criação. Qualquer objeto, incluindo seu corpo, pode ser definido como quanta ou qualia. Foram necessários séculos para que a ciência avançasse o suficiente para detectar o campo quântico, mas a vida em si, que remonta a bilhões de anos, sempre esteve envolvida nessa relação, porque a vida é organizada por experiências. Um microrganismo nos mares primordiais da Terra responderá à luz movendo-se em sua direção. No seu próprio nível, o microrganismo está tendo uma experiência. Portanto, pode-se dizer que a existência depende tanto dos qualia quanto dos quanta, se não mais.

Existem muitos outros comportamentos estranhos que o mundo quântico produz, mas esses três são vitais para o corpo quântico. Para resumir:

O *entrelaçamento* produz todas as conexões.

A *não localidade* torna o todo algo prioritário em detrimento de suas partes.

A *transformação de quanta em qualia* cria todas as experiências.

Esses três princípios são as formas cruciais pelas quais o mistério do mundo quântico funciona para você. Na verdade, a sua própria existência depende deles.

Desbravar seu caminho pelo mundo quântico requer algumas mudanças radicais na forma como você se vê. Há uma citação famosa sobre como é difícil explicar esse nível de realidade, do pioneiro quântico Werner Heisenberg: "O Universo não só é mais estranho do que pensamos que ele seja, como também é mais estranho do que conseguimos imaginar." O que leva a realidade para além do alcance do pensamento é o quantum, porque seu comportamento não faz sentido no nosso mundo sensorial normal de objetos sólidos e confiáveis. Como a mesma estranheza se aplica ao seu corpo quântico, observe a lista abaixo e imagine que ela se aplica a você.

Por que o Mundo Quântico É Mais do que Estranho

- O campo quântico faz com que tudo aconteça, mas ele próprio, por si, não tem causa.
- A matéria é construída a partir de quanta, mas o quântico não é material.
- Qualquer coisa que você consiga enxergar é invisível em sua raiz, e sua raiz é o quântico.
- Antes que você possa localizar um quântico, ele se move por uma nuvem de possíveis localidades.
- Duas partículas subatômicas, separadas no espaço, mesmo por milhões de anos-luz, comunicam-se instantaneamente, o que implica que as duas "conversam" entre si mais rapidamente do que a velocidade da luz. Isso desafia todas as explicações conhecidas.
- Os eventos quânticos podem avançar ou retroceder no tempo.

Por mais estranhas que essas características pareçam, a mais estranha é essa: Cruze o limiar quântico, e o espaço, o tempo, a matéria e a energia desaparecerão.

É completamente compreensível que você não consiga se identificar pessoalmente com o mundo quântico. À primeira vista, parece não haver nada humano com que se identificar. No entanto, a estranheza do mundo quântico está muito mais próxima do que você pensa. Na verdade, ele não é o menos humano dos mundos, mas o mais humano - sem ele, você nem seria humano. Você seria uma máquina robótica. De fato, esse é o modelo predominante que seu médico aprendeu na faculdade de medicina, sem que desse conta disso. Tudo que está à disposição da medicina moderna - todos os testes, medicamentos, terapias e procedimentos cirúrgicos - baseia-se na noção de consertar uma máquina. Os médicos, lá no fundo, são mecânicos. Para reforçar a superioridade do modelo quântico, derrubaremos a falácia do conceito do "corpo-máquina" de uma vez por todas.

Desmascarando o conceito do "corpo-máquina"

Seu corpo não é uma máquina, e não chega nem perto disso. Você engoliu um conceito familiar repleto de falhas, como mostra a lista a seguir:

Por Que Seu Corpo Não É uma Máquina

As máquinas não estão vivas.

A prática de exercícios não torna as máquinas mais fortes – eles as desgastam.

As máquinas não conseguem pensar, desejar, sentir, sonhar ou imaginar. Na verdade, elas não conseguem vivenciar nada.

As máquinas não conseguem sentir emoções.

Elas não podem conceber máquinas-bebês e pari-las.

Elas não conseguem curar suas partes quebradas.

As máquinas não evoluem espontaneamente.

Nenhum desses fatos está sujeito a questionamentos e, ainda assim, aceitamos passivamente que o corpo é uma máquina viva, e ainda por cima milagrosa por isso. Mas se percorrermos a lista, você perceberá que o conceito de corpo-máquina o privou de sua humanidade essencial.

As máquinas não estão vivas. Esse fato parece óbvio demais para ser afirmado – até mesmo uma criança pequena sabe que está fingindo ao tratar uma boneca como se fosse um bebê de verdade. Mas se essa boneca for feita de plástico, o átomo mais essencial dos seres vivos – o carbono – está nela. Em torno dos átomos de carbono estarão agrupados átomos de hidrogênio e oxigênio, que também são essenciais para as bases de construção da vida – as substâncias químicas orgânicas.

Depois de reduzir o corpo humano a suas substâncias químicas básicas, não há razão para não o chamar de máquina. Já a forma como as substâncias químicas orgânicas ganham vida permanece um mistério, como todo biólogo e geneticista admitiria abertamente. No entanto, a busca por explicar a vida como uma espécie de truque mágico da química continua. Uma suposição errada inevitavelmente leva a conclusões erradas.

A prática de exercícios não torna as máquinas mais fortes – eles as desgastam. Se você colocar um brinquedo na prateleira e nunca o usar, ele não sofrerá qualquer desgaste nem quebrará. Mas o oposto se aplica ao seu corpo – ele está sujeito ao que a medicina chama de "atrofia por desuso". Sem exercício, os músculos e os ossos encolhem e enfraquecem. Ao usar nossos corpos, resistimos ao desgaste. Nenhuma máquina, por mais sofisticada que seja, funciona dessa maneira.

As máquinas não conseguem pensar, desejar, sentir, sonhar ou imaginar. Na verdade, elas não conseguem vivenciar nada. Essa é uma lacuna intransponível entre nós e as máquinas. Partimos do nosso hardware genético para sonhar, desejar e imaginar. O computador mais avançado pode imitar, mas nunca vivenciar esses estados. Em última análise, um computador é o fantoche de sua programação.

As máquinas não conseguem sentir emoções. Os computadores se baseiam em códigos digitais e os códigos são concebidos para serem lógicos e racionais. As emoções não só estão excluídas aqui, mas são totalmente indesejáveis. Um computador que lhe dissesse estar apaixonado demais para vir trabalhar hoje seria um fracasso. Um ser humano que não consegue amar pode muito bem ser considerado um fracasso pior.

Elas não podem conceber máquinas-bebês e pari-las. Esse ponto pode parecer irrelevante, uma vez que existem fábricas para produzir novas máquinas. Mas, aqui, o mistério da vida está envolvido. Não existe tecnologia que permita a um robô criar-se a partir de substâncias químicas básicas. Seu corpo e todos os seres vivos produzem vida nova espontaneamente. A centelha criativa é difícil de conceber, mas todos a temos dentro de nós.

Elas não conseguem curar suas partes quebradas. Um carro autorreparável tiraria os mecânicos do mercado. No seu corpo, ocorre o oposto; ele demanda uma resposta de cura para permanecer vivo – sem ela, um pequeno corte superficial faria com que você sangrasse até a morte. As células sabem como consertar seus erros internos e se for impossível um reparo, elas se autodestroem voluntariamente. A cura continua sendo um grande mistério, mas é uma daquelas coisas que incorporamos sem saber bem como.

As máquinas não evoluem espontaneamente. Uma máquina não consegue inventar o seu próximo modelo próprio. Na verdade, tornar-se obsoleta é o destino inevitável de toda máquina. A mesma razão condenaria uma célula fertilizada no útero. Ela precisa evoluir para um embrião, um feto e tornar-se um bebê completo. Essa capacidade de evoluir espontaneamente se aplica a todos os seres vivos, para além dos organismos unicelulares, e mesmo estes, na forma de bactérias e vírus, precisam evoluir para conseguir ultrapassar as defesas imunológicas do corpo. Se a gripe do ano que passou fosse a única existente, também seria a última.

Se você se distanciar um pouco, verá que tudo o que há de milagroso no corpo humano decorre do fato de ele não ser uma máquina. Um computador pode ser programado para se preocupar com seu peso, expressar um desejo sexual ou sentir uma pontada de nostalgia. Mas nenhuma máquina jamais sentiu como são essas experiências ou teve qualquer experiência em si. Você, por outro lado, é o produto de suas experiências. Se pudesse catalogar todas as experiências que já teve (o que é impossível, claro), nem mesmo uma delas se deve ao fato de você ser como uma máquina. A noção de que "o corpo é uma máquina" merece ser eliminada.

Isso é pedir muito, especialmente nas atuais circunstâncias, nas quais o mundo quântico é considerado enigmático e estranho, fora do alcance do pensamento. Há muitas razões pelas quais a revolução quântica nunca adquiriu uma face humanizada. Uma mudança de perspectiva é urgentemente necessária. Contudo, depois que você fizer a mudança, cruzará o limite quântico, então saberá o que é realmente a essência de ser humano.

A CAUSA DE ABSOLUTAMENTE TUDO

Nada existe sem uma fonte, ou um ponto de partida, e a busca pela fonte de tudo no Universo produziu a revolução quântica na física. No entanto, o mundo quântico gerou uma conclusão desconcertante, que muitos consideraram incrível demais para acreditar. Essa conclusão foi sucintamente expressa por Werner Heisenberg: "Os átomos ou as partículas elementares em si não são reais; eles formam um mundo de potencialidades ou possibilidades em vez de um mundo de coisas ou fatos."

Se os átomos e as partículas elementares não são reais, como nós – e todos os objetos físicos – nos tornamos reais? É tão fácil rastrear o cérebro, o coração e o fígado até sua fonte quântica, onde eles desaparecem, quanto rastrear um pedaço de minério de urânio ou uma molécula de água. A resposta à incômoda questão da realidade "real" revelou-se algo demasiado difícil de alcançar, por isso a física foi forçada a erguer uma Muralha da China metafórica para separar o reino quântico do mundo físico. Se você, eu e todo os outros concordarmos em viver do nosso lado do muro, também concordaremos que não temos nada a ver com a realidade quântica. A fala de Kipling, "Ah, o Oriente é o Oriente, e o Ocidente é o Ocidente, e os dois nunca se encontrarão", é uma relíquia Vitoriana que a história tornou obsoleta. Os físicos estão incomodados pelo fato de que as duas metades da realidade não se encontram, uma vez que, logicamente, deve haver apenas uma realidade.

Da mesma forma, somente se o corpo quântico for incluído poderemos saber o que é todo o corpo humano, e não apenas a parte que conseguimos enxergar. Aqui, devemos seguir um caminho diferente do da ciência. Em sua busca pela fonte máxima, os antigos *rishis* (sábios) védicos na Índia não começaram "lá fora", com objetos físicos como os antigos gregos fizeram quando pela primeira vez postularam a existência do átomo. Os rishis começaram "aqui dentro", com aquilo que nos torna humanos – a experiência consciente.

Os nomes dos maiores sábios, como Patanjali e Vasishtha, foram transmitidos e podem ser encontrados na capa de famosos tratados de ioga. No Ocidente, a conotação de *ioga* é espiritual e a implicação disso é serem vistos como assunto religioso. Mas é mais proveitoso considerar os rishis como Einsteins da consciência, porque eles se propuseram a encontrar o estado fundamental da realidade, exatamente como fizeram Einstein e os outros pioneiros da física moderna. E os dois caminhos – a física e a consciência – também nem são tão separados como podem parecer. Considere o que disseram três físicos ganhadores do Prêmio Nobel.

> A consciência é o fenômeno pelo qual a própria existência do Universo é conhecida. — *Sir Roger Penrose*
>
> Considero a consciência como algo fundamental. Considero a matéria como algo derivado da consciência. Não podemos ir além da consciência. Tudo aquilo de que falamos, tudo que consideramos existente, postula a consciência. — *Max Planck*
>
> O Universo começa a parecer mais um grande pensamento do que uma grande máquina. A mente não parece mais ser um intruso acidental no reino da matéria... Diferentemente, deveríamos saudá-la como a criadora e a governadora do reino da matéria. — *Sir James Jeans*

São declarações impressionantes de ícones da ciência, que servem para fundir tudo o que acontece "aqui dentro" com tudo o que nossos sentidos percebem "lá fora". Alguns dos pioneiros quânticos mais ilustres se convenceram de que a consciência foi fundamental na criação.

Mas não foi repentinamente que a física moderna seguiu o mesmo caminho dos rishis védicos; a atração do materialismo era forte demais. Existia um universo de "coisas" a serem explicadas em uma linha que remontava a Isaac Newton. E uma figura extremamente importante, Albert Einstein, resistiu à consciência ao se concentrar inteiramente na realidade física (o que ele realmente sentia de forma pessoal é outra questão, uma vez que Einstein expressou sua crença de que nenhuma grande descoberta científica poderia ser feita sem uma sensação de admiração e maravilha, e admiração e maravilha são características da consciência, não da matéria).

Dois caminhos se fundem

Com suas explorações "aqui dentro", os rishis védicos chegaram a um nível da Natureza que estava na raiz de absolutamente tudo, ao qual deram o nome de *Karana Sharir* ou "corpo causal" em sânscrito. O corpo causal está no horizonte distante daquilo que a mente humana consegue conceber. Além dele existe um domínio que é inconcebível, porque precede o espaço, o tempo, a matéria e a energia.

O próprio ápice da existência é onde nossa história de origem começa. O poeta persa místico Rumi disse isso de forma mais eloquente: "Nós viemos do nada, espalhando estrelas como poeira".

Se alguém fosse questionado sobre sua origem, ninguém escolheria o nada. Tradicionalmente, as pessoas escolheriam Deus; medicamente, escolheriam um único óvulo fertilizado. Em tempos de dificuldade, os devotos não rezam por conforto para o *estado de vácuo*, que é o termo físico para o "nada" (nas últimas décadas, vem ocorrendo um declínio drástico na religião organizada em todas as sociedades ocidentais desenvolvidas, mas a necessidade de Deus persiste, mesmo que haja confusão sobre quem ou o que Deus pode ser no mundo moderno).

Ciência não é consolo. Pesquisa não é revelação, muito menos redenção. O que despertou o anseio espiritual de hoje foi o beco sem saída alcançado pela nossa visão do mundo, não pela perda de força da ideia de que "Deus está morto", mas por algo mais oculto – a nossa crença de que a existência pode ser explicada sem consciência. Devemos pegar o bastão caído passado pelos pioneiros quânticos, que por vezes tinham visões muito evoluídas da espiritualidade.

Se você sabe de onde tudo vem, sabe onde Deus pode ser encontrado. Isso é algo expresso com profunda convicção pelo físico moderno Freeman Dyson, quando contempla o potencial da mente humana.

Não faço nenhuma distinção clara entre mente e Deus. Deus é o que a mente se torna quando ultrapassa a escala da nossa compreensão. Deus pode ser considerado uma alma mundial ou uma coleção de almas mundiais. Somos as principais entradas de Deus neste planeta, no atual estágio de seu desenvolvimento. Mais tarde poderemos crescer com ele, à medida que ele cresce, *ou podemos ficar para trás.*

Ficar para trás seria um destino terrível e, para acompanhar Deus, devemos evoluir. Essa é a essência da declaração de Dyson. É um passo tremendo fundir Karana Sharir, o corpo causal, ao corpo quântico. Proporciona a todos uma nova história de origem que irá satisfazer a ciência e o nosso anseio espiritual interior.

Mas, para você, a existência cotidiana não pode evoluir a menos que o corpo quântico o convença pessoalmente. Estamos pedindo que você mude suas crenças; portanto, faremos uma pausa para que você possa esclarecer em que acredita agora.

TESTE PESSOAL: EM QUE VOCÊ ACREDITA?

Usando uma folha de papel separada, se preferir, verifique em que nível você acredita nas seguintes afirmações, classificando-as com **Concordo totalmente, Concordo em parte, Discordo em parte** ou **Discordo totalmente.**

1. Consigo aceitar que Deus pode não existir.
____Concordo totalmente ____Concordo em parte
____Discordo em parte ____Discordo totalmente

2. Ser racional é a melhor abordagem para se viver a vida.
____Concordo totalmente ____Concordo em parte
____Discordo em parte ____Discordo totalmente

3. As experiências espirituais são reais e valiosas.
____Concordo totalmente ____Concordo em parte
____Discordo em parte ____Discordo totalmente

4. Uma experiência de pico ou um grande insight pode mudar sua vida.
____Concordo totalmente ____Concordo em parte
____Discordo em parte ____Discordo totalmente

5. Sentir-se confortável com a mudança é altamente benéfico.
____Concordo totalmente ____Concordo em parte
____Discordo em parte ____Discordo totalmente

6. Acredito que o amor é fundamental na criação.
____Concordo totalmente ____Concordo em parte
____Discordo em parte ____Discordo totalmente

7. Siga sua felicidade é um conselho que vale a pena seguir.
____Concordo totalmente ____Concordo em parte
____Discordo em parte ____Discordo totalmente

8. Habilidades paranormais são definitivamente reais.
____Concordo totalmente ____Concordo em parte
____Discordo em parte ____Discordo totalmente

9. Consigo aceitar que as orações funcionam.
____Concordo totalmente ____Concordo em parte
____Discordo em parte ____Discordo totalmente

10. Estados superiores de consciência e iluminação são reais.
____Concordo totalmente ____Concordo em parte
____Discordo em parte ____Discordo totalmente

11. Experimentei pessoalmente fenômenos que não consigo explicar com a razão.
____Concordo totalmente ____Concordo em parte
____Discordo em parte ____Discordo totalmente

12. Os seres humanos ainda estão em evolução.
____Concordo totalmente ____Concordo em parte
____Discordo em parte ____Discordo totalmente

Avaliando suas respostas

Não há respostas erradas para nenhuma das perguntas, mas elas oferecem um bom perfil de suas crenças pessoais. As respostas da maioria das pessoas tenderiam a "Concordo em parte" ou "Discordo em parte", o que reflete o estado geral de confusão que permeia a sociedade moderna. O enfraquecimento dos valores tradicionais levou a uma espécie de limbo no qual a crença coexiste com a incerteza.

No entanto, uma forte tendência contrária, grosseiramente agrupada nas crenças da Nova Era, afeta quase um terço dos norte-americanos, segundo certa estimativa. Se suas respostas tendem a "Concordo totalmente", você provavelmente se identifica com esse grupo, para o qual algo paranormal, por exemplo, é totalmente possível. Você simpatiza com um novo paradigma que melhoraria a sociedade e levaria a uma evolução superior da humanidade. Mas, ao mesmo tempo, você também pode concordar que a racionalidade é um bom guia para a vida pessoal, porque não simpatiza com o dogma religioso ou com a fé não comprovada.

Se suas respostas tendem a "Discordo totalmente", você provavelmente se identifica com o materialismo e a ciência convencional. Porém, pode concordar veementemente que a racionalidade é o melhor guia para a vida por você ter um traço forte de ceticismo. "Prove isso" – esse é o alto padrão para você. Outros podem vê-lo como teimoso e rígido em seu sistema de crenças, mas certamente não é assim que você se vê.

Você estará dando um enorme passo à frente se começar a enxergar a si mesmo conectado à realidade quântica. Ultrapassar o ponto cego que assola muitos cientistas – o ponto cego que não consegue ver o quanto a consciência é importante no esquema da criação – também o coloca à frente da grande maioria das pessoas. O caminho para a realidade quântica reside inteiramente na consciência. Aceite esse fato e tudo o que temos a dizer se encaixará facilmente.

O FLUXO DA VIDA

Existem dois caminhos para se buscar a origem da vida. Um deles se concentra no passado e o outro, no aqui e agora. O passado contém relíquias de micróbios, partículas mínimas incrustadas em rochas antigas, que são as primeiras pegadas da vida, embora, claro, os micróbios já não estejam vivos. No entanto, a vida flui constantemente de sua fonte, como neste momento. Você está conectado à origem da vida a cada segundo. Se não estivesse, nenhuma quantidade de nutrientes, água e oxigênio – os materiais básicos para uma célula sobreviver – resolveria. Eles permaneceriam inutilmente nos rios, nos mares, no solo e na atmosfera, batendo-se aleatoriamente sem a menor evidência de vida.

Na jornada do seu corpo quântico para seu corpo físico, algo milagroso acontece. As "coisas" sem vida que estão por aí se tornam criativas. Elas apresentam consciência. Começam a tomar decisões inteligentes. Para um neurocientista, essas características não existem sem o cérebro humano, mas olhar para o cérebro como a fonte da criatividade, da consciência e da inteligência é um grande engano. A melhor evidência é que todas essas características pertencem à vida em si e podem ser muito avançadas em criaturas há muito vistas com pouco caso.

Entre os seres com "cérebro de passarinho", uma colônia de corvos em uma ilha da Indonésia aprendeu a usar galhos pontiagudos para tirar larvas de seus esconderijos sob a casca das árvores. Isso é considerado um feito extraordinário, porque os corvos têm cérebros minúsculos e, no entanto, eles deram um salto conceitual. Eles olharam para galhos com pontas e viram o potencial para serem usados como ferramentas. O mesmo salto conceitual ocorreu com os hominídeos pré-históricos quando eles começaram a tirar lascas de pedras para fazer as primeiras facas e ferramentas de raspagem. Igualmente, a mesma descoberta entre os corvos incomoda muitos biólogos, mas, na realidade, um corvo comum consegue abrir travas intrincadas para obter uma recompensa alimentar e se as partes da trava são alteradas, ele consegue descobrir a nova solução para desbloqueá-las na primeira tentativa.

Por outro lado, cães e gatos falham tristemente ao abrir até mesmo um simples trinco para conseguir uma recompensa alimentar. No entanto, cada criatura possui sua mistura única de criatividade, consciência e inteligência. Um cão reconhece seu dono, demonstra afeto, obedece a comandos complexos e, se for um border collie extremamente talentoso chamado Chaser, aprende um vocabulário muito superior ao de crianças pequenas. O vocabulário dos pequenos é de 10 a 50 palavras aos 18 meses, 300 palavras aos 2 anos e 450 palavras aos 2 anos e meio. Chaser, que viveu até os 15 anos antes de falecer na Carolina do Sul em 2019, aprendeu 1.000 palavras com seu companheiro humano, o professor John W. Pilley.

Quando você era criança, seu vocabulário explodiu a partir dos 2 anos de idade, passando de 300 para 1.000 palavras aos 3 anos. Chaser levou a vida inteira para aprender a identificar 1.000 brinquedos diferentes pelo nome – Pilley acumulou uma montanha de brinquedos e atribuiu um nome a cada um. Mas os números não chegam ao cerne da questão. Para que um cão adquira vocabulário, o canino deve ser criativo para dar o salto para a linguagem humana. Ele deve estar consciente para processar o que ouve e deve ser inteligente para lembrar e aplicar seu vocabulário. Border collies são os campeões na construção de vocabulário, mas pelo menos alguns deram outro passo criativo. Eles podem olhar para a foto de um brinquedo e buscá-lo em outro quarto sem ouvir uma palavra.

Inteligência criativa

Não existe um modelo adequado na biologia ou no comportamento animal para explicar um salto de criatividade, consciência e inteligência desses. Aliás, essas características também não têm explicação nos humanos. Apenas as consideramos como algo intrínseco e garantido. Usaremos um termo simples, *inteligência criativa*, para descrever tal parte essencial da vida (o termo já foi introduzido na primeira parte como um aspecto crítico do bem-estar e da saúde). O fluxo da inteligência criativa é uma das experiências mais prazerosas que alguém pode ter. Você teve vislumbres disso sempre que fez algo criativo.

Em um momento criativo, seja ele qual for, você se sente relaxado e aberto. Seu foco se fixa no que está fazendo – cozinhar, tricotar, pintar, tocar Mozart no piano –, sem se distrair. Há uma sensação de liberdade e contentamento. Esse estado, que também está presente na meditação profunda, pode ser correlacionado com a atividade de ondas alfa no cérebro. No entanto, essas pistas são muito vagas, especialmente quando se trata de uma criatividade excepcional.

A teoria da relatividade de Einstein é considerada por muitos como o maior avanço científico de todos os tempos realizado por uma única mente. Quando Einstein morreu, em 1955, um patologista local em Princeton, Nova Jersey, removeu seu cérebro, dissecou-o e enviou fotografias de cada parte dissecada para estudo (o restante do cérebro foi doado a um museu na Universidade de Princeton em 1998). Os anatomistas estavam naturalmente curiosos para descobrir como era o cérebro de um gênio supremo, mas a primeira análise completa das fotografias do cérebro só ocorreu em 1999, quando foi relatado, de acordo com um resumo online, que "os lobos parietais de Einstein – que estão implicados na cognição matemática, visual e espacial – eram 15% mais largos do que lobos parietais normais". Mesmo que você acredite que uma diferença tão pequena possa explicar a distinção entre um gênio e uma pessoa comum, onde no tecido cerebral de Einstein reside a Teoria Geral da Relatividade ou onde ela residiu? E há também a questão de outras pessoas com lobos parietais superdesenvolvidos que não mudaram o mundo com insights brilhantes.

Vivendo em *chit akash*

Mas o mistério vai muito além. Pouco depois de a teoria da relatividade de Einstein ter abalado os alicerces da ciência, um físico chamado Hermann Minkowski fez um pronunciamento profético: "Daqui para frente, o espaço em si e o tempo em si estão fadados a desaparecer". Isso foi em 1908, mas ainda andamos pelo espaço amplo que existe por toda parte e checamos nossos relógios para saber que horas são. Você pode comparar a situação com a de alguém que insiste em morar em sua casa depois que ela explodiu e os escombros foram retirados. Elimine o tempo e o espaço, e a realidade cotidiana não existirá mais. Nem a inteligência criativa que, afinal, faz parte da realidade cotidiana.

Os rishis védicos descreveram outro tipo de espaço, onde a inteligência criativa flui livremente e está sempre acessível. Eles o chamaram de *chit akash* em sânscrito, que se traduz aproximadamente como "espaço mental". Entretanto, o termo significa a extensão infinita da consciência. Para os rishis, o corpo causal está localizado em chit akash, assim como o corpo quântico, embora a física ainda não tenha chegado tão longe. Ela não consegue reconhecer o "espaço mental" até que se permita que a consciência seja um assunto respeitável o suficiente para que a física o aborde.

Chit akash proporciona um lar à inteligência criativa. Fica por trás das cortinas da realidade cotidiana, como um coreógrafo invisível que diz aos dançarinos o que fazer, mesmo que nunca apareça no palco. Depois que você percebe a vantagem de viver em chit akash, o mundo cotidiano perde seu encanto sedutor. Tudo de bom em sua vida é melhor lá.

Podemos elencar muitas razões para isso, mas elas se resumem a uma: chit akash é onde todas as possibilidades criativas começam a florescer. Não importa qual processo você examina, de um único batimento cardíaco até o cérebro inteiro, a inteligência criativa deve entrar em ação. Para fazer isso, um impulso emerge em chit akash e acumula energia suficiente para criar uma ação física que você pode ver, sentir e medir.

O mesmo é válido em relação à atividade mental. Você mergulha no chit akash para encontrar seu próximo pensamento. Mas a palavra *mental* não é suficiente, porque quando o DNA se divide ou um feixe do músculo cardíaco se contrai, a inteligência está em ação. Essa inteligência é tácita e silenciosa, mas infinitamente criativa. Expanda o contexto e você vê que toda a Natureza é inteligente, porque nada pode acontecer no cosmos sem passar por chit akash.

Você foi apresentado a uma nova terminologia, mas isso é secundário. O principal – aquilo que o fará querer explorar o chit akash – é que você pode aumentar o fluxo da inteligência criativa. Esse fluxo se move por dentro, ao redor e através de você agora mesmo. Onde quer que ele vá, há uma escolha criativa a ser feita. No mundo físico, você pode apertar um interruptor e as luzes se acendem. No chit akash, você aperta um interruptor na consciência e muito mais acontece.

As Dádivas do Chit Akash

Sabedoria
Poder organizador
Energia dinâmica
Flexibilidade infinita
Intenção
Caminho claro para alcançar qualquer objetivo
Realização de desejos
Capacidade de corrigir erros
Poder de cura

Tudo que foi listado antes é real. Se não fosse, o Universo recém-nascido nunca teria emergido da sopa quântica e do plasma superaquecido ou, em termos mais reconhecíveis, você ainda seria um único óvulo fertilizado no ventre de sua mãe. Seguiremos o fluxo da inteligência criativa a partir daí. Uma única célula arrisca sua existência confortável ao se dividir em duas, em um processo que rasga a célula, começando por seu DNA. Mas um óvulo fertilizado tem sabedoria para empreender essa perigosa viagem e conhecimento genético para levá-la a cabo. O gerenciador de energia da célula, conhecido como "mitocôndria", fornece energia para a divisão celular. A sopa rodopiante de proteínas e enzimas é organizada para ser suficiente para duas células recém-nascidas. À medida que as máquinas moleculares começam a descosturar a dupla hélice do DNA, uma intenção está em andamento e há um caminho claro em direção à linha de chegada. Quaisquer erros incipientes ao longo do caminho são corrigidos com um grau microscópico de precisão e, ao criar dois filamentos de DNA a partir de um, a divisão ao meio é sanada. Talvez você ainda precise ser convencido de que tudo isso é evidência de inteligência criativa, mas suas células já estão convencidas.

A única prova que realmente convence alguém é a pessoal. Pare por um momento e escolha algo que você seja bom de criar, um prato delicioso que você inventou, uma peça de marcenaria, sua escrita criativa ou uma pintura – qualquer coisa em que você se sinta verdadeiramente absorvido.

Em seguida, revele a essência disso examinando as dádivas do chit akash e veja como elas se aplicam (não necessariamente todas). Assim que tiver uma expressão criativa em mente, pergunte-se o seguinte:

> Como a *sabedoria* entra aqui, ou seja, o acúmulo de habilidades e conhecimento?
>
> Enquanto você cria, quanto suas ações são *organizadas* e *eficientes*?
>
> Você *ganha energia* com isso?
>
> Você gosta de ser *flexível* e *espontâneo* enquanto cria?
>
> Quando você estabelece uma *intenção* no processo, ela se desenrola de maneira fácil e prazerosa?
>
> Sua criatividade faz você se sentir *realizado*?
>
> Você é bom em aprender com seus *erros*?
>
> Existe uma sensação de *cura* e *totalidade* em sua criatividade?

Se você tiver a sorte de se sentir inspirado pelo que faz, no nível do chit akash, todos esses elementos se encaixarão em seus lugares. Você é um criador e está participando da experiência criativa. Então surge uma nova sensação: você está fora de si, observando enquanto o impulso criativo parece funcionar sozinho. As raízes latinas da palavra *êxtase* se referem a essa sensação de estar do lado de fora.

Quanto mais você expandir sua percepção, mais será apoiado pelo fluxo da inteligência criativa. Dessa forma, o êxtase se torna um modo de vida normal, em vez de uma experiência incomum ou extraordinária.

A inteligência criativa não deixa pegadas no mundo físico, mas esteve intimamente ligada a você durante toda sua vida. Algumas vezes você se concentrou em testar suas habilidades, que foi o que aconteceu nos anos da infância. Aprender a andar é uma nova e grande aventura da criatividade aplicada - equilíbrio, coordenação, controle motor e visão devem funcionar juntos de uma maneira inteiramente nova. Então, você começou a usar a inteligência criativa de forma mais consciente - aprendendo a ler, navegando pelo mundo vasto, relacionando-se com outras pessoas fora de sua família.

Somente se prestar atenção às dádivas do chit akash conscientemente você poderá viver com total certeza de que o fluxo da inteligência criativa está lhe dando suporte. Sem que você saiba, a maestria completa está ao seu alcance - essa é a possibilidade fascinante que abordaremos a seguir.

MAPEANDO O MILAGRE

Se um óvulo fertilizado no útero está no comando total da inteligência criativa, por que nós não estamos? O problema reside em um dos atributos da inteligência criativa: *um caminho claro para atingir qualquer objetivo.* Todo mundo já passou por reveses e decepções no passado, e esses eventos deixam uma impressão na memória. Cada impressão – ter sido repreendido pelos pais, ter ido mal em uma prova na escola, ser ignorado por quem você tinha uma queda – funciona como um microchip, que fica emitindo o mesmo sinal repetidamente.

O sinal constante desanimador diz: "Você não vai conseguir. Não vai dar certo. Há problemas pela frente. Não arrisque." Imagine uma criança com idade suficiente para ir sozinha para a escola. Ela segue pela calçada e, de repente, do nada, alguém escondido nos arbustos joga uma bola nela. A criança escapa ilesa da bola, mas a cada poucos metros, outra bola é lançada contra ela por mãos invisíveis.

Não importa se algumas bolas a acertam e outras não. A criança fica em estado de ansiedade, aguardando a próxima ameaça, que chegará de forma imprevisível. Essa é a situação psicológica em que todos nos encontramos. Estamos vigilantes contra ameaças imprevisíveis e um microchip oculto emite um aviso ansioso. "Você não vai conseguir. Não vai dar certo. Há problemas pela frente. Não arrisque." O que torna a situação ainda mais perniciosa é que a criança que caminha para a escola permanecerá ansiosa mesmo que as bolas deixem de ser atiradas contra ela. O espectro do perigo já é suficiente.

Esse esquema sombrio parece tornar impossível que nós encontremos um caminho claro através do chit akash, o espaço mental que todos precisam navegar, dia após dia. Mas a realidade é outra. Você pode dominar todos os aspectos da inteligência criativa. A chave é entender como o fluxo da vida realmente funciona. O mapa é muito simples – veja:

Corpo Quântico/Causal—>
Chit Akash—> Corpo Físico

Tudo que a inteligência criativa traz para você segue esse caminho. Um impulso se origina no corpo quântico ou causal. Pode ser um impulso consciente, como querer sair para aproveitar o dia ensolarado de primavera, ou um impulso totalmente inconsciente, como aquele que mantém os músculos do seu coração batendo. O mesmo fluxo se aplica a ambos. Ele passa pelo chit akash antes de chegar ao seu corpo físico.

Muita coisa acontece quando um impulso faz essa jornada da causa primeira ao resultado final. Em resumo, um milagre se desenrola. Cada impulso sabe o que deve fazer, para onde deve se dirigir e como se relacionará com milhares de outros impulsos gerados pelo corpo a cada segundo. Sem esse conhecimento, uma semente não poderia crescer e se transformar em uma flor. Corte uma semente ao meio e você não verá caules, raízes, folhas ou flores em forma microscópica. Você verá apenas substâncias químicas orgânicas dispostas de certa maneira pela genética. Essa massa de substâncias químicas brota e se desenvolve de acordo com processos biológicos bem conhecidos. O mistério é como as substâncias são transformadas para produzir um talo de trigo em vez de uma roseira. O DNA que diferencia o trigo da roseira é apenas um mapa. Ele não sabe fazer uma planta, assim como a planta baixa da sua casa não sabe construí-la.

A inteligência criativa providencia de forma invisível o conhecimento necessário, que é fornecido em tempo real, ali na hora, sem erros. Evidências disso são encontradas no cérebro embrionário, quando você ainda estava no útero. Depois de alguns dias, um óvulo fertilizado se dividiu o suficiente para formar uma bolha de células conhecida como zigoto. Não existe um cérebro microscópico na bolha, mas, de alguma forma, o cérebro deve ser criado. Isso ocorre quando o zigoto se torna um embrião. É fácil ver o nascer dos braços, das pernas, do tronco e da cabeça quando começam a se formar.

Invisíveis, e de forma bastante milagrosa, as células-tronco seguem o caminho destinado para se diferenciarem em células do coração, células do fígado, células do cérebro e assim por diante. No caso do cérebro, o processo é surpreendente, porque uma vez que uma célula-tronco sabe que é uma célula cerebral, ela precisa viajar para a parte do cérebro à qual pertence, como o córtex visual, a medula ou os lóbulos frontais. Permanecer em meio a uma multidão de células cerebrais não resolve o problema. Existem filamentos que funcionam como vias, conhecidos como "glia radial". As células cerebrais em migração usam a glia como uma base para encontrar e ocupar seu lugar no cérebro em desenvolvimento.

Por mais notável que seja o processo, há um mistério envolvido na forma como as células gliais, que não são iguais aos neurônios, sabem onde estão os locais certos. Existem centenas de locais específicos no cérebro. Por exemplo, um pequeno aglomerado de células permite reconhecer que determinada casa é o local onde você mora. A única resposta viável é a inteligência criativa, que o criou desde o instante em que você foi concebido.

Os cinco *koshas*

Mapear o fluxo da inteligência criativa abre a investigação a detalhes ainda mais sutis – ao desvelar cada estágio da criatividade, você descobrirá que existe em mais de uma dimensão. De acordo com a tradição védica, cada um de nós possui corpos sutis que existem na consciência. Cada corpo lhe pertence e é vivenciado de diferentes formas.

Eles são chamados de *koshas*, ou "bainhas", em sânscrito. Os koshas lhe dão cinco corpos, dos quais o corpo físico é o menos importante, porque é o ponto final, onde a autoconsciência está separada de sua fonte quântica. Os cinco koshas são:

Corpo físico: *Annamaya kosha*, uma bainha de camada externa, às vezes chamada de "bainha de comida".

Corpo energético: *Pranamaya kosha*, a bainha criada pela respiração sutil ou pela energia vital (prana).

Corpo mental: *Manomaya kosha*, a bainha criada pela mente.

Corpo de sabedoria ou corpo de intelecto: *Vijñānamaya kosha*, a bainha criada pelo conhecimento interior.

Corpo de bem-aventurança: *Anandamaya kosha*, a bainha composta pela consciência de bem-aventurança antes de qualquer forma surgir.

Não se preocupe com a terminologia em sânscrito. O importante nos koshas é que eles mapeiam o processo criativo que ocorre em você, ao seu redor e através de si. Sua experiência muda de acordo com o nível de existência (corpo) onde você coloca sua atenção. Se você se concentra no mundo físico "lá fora", está habitando uma parte desse mundo – o corpo físico – que se torna uma coisa em um universo de coisas. Nenhuma autoconsciência é necessária ou mesmo desejável. Sua principal atividade no mundo físico é evitar a dor e buscar o prazer. Por essa perspectiva, seu corpo é uma máquina, inclusive seu cérebro. Se lhe pedirem para explicar qualquer coisa sobre o funcionamento do mundo, você recorrerá ao materialismo, que divide todos os fenômenos nos aparatos físicos que os operam.

Os cinco koshas preenchem o mapa de como a consciência cria tudo. O ponto de partida é a consciência pura, que não possui qualidades, então todo o processo prossegue conforme mostrado no diagrama a seguir.

Consciência Pura --> Consciência de Bem-aventurança -->
Sabedoria/Intelecto --> Mente -->
Energia Vital (Prana) --> Mundo Físico

Saber que a criação se desenvolve dessa forma é algo inestimável. Coloca as ferramentas da criação em suas mãos. A maioria das pessoas cria sua história de vida sem esse conhecimento. Elas juntam partes diversas com uma mistura de ações, pensamentos e emoções conscientes e inconscientes. "Eu odeio X" e "Eu odeio Y" impulsionam seus desejos. As mágoas e as conquistas do passado ditam o comportamento no presente. No entanto, dentro da mistura daquilo que é consciente e do que é inconsciente, todos temos vislumbres de como a criação se desenrola.

A ***consciência pura*** é revelada como o espaço silencioso entre os pensamentos, na meditação profunda e nos momentos de paz completa.

A ***consciência de bem-aventurança*** é revelada nos momentos de alegria, êxtase, inspiração e maravilhamento.

A ***sabedoria*** é revelada nos momentos de insight e intuição.

A ***mente*** é revelada na atividade mental.

A ***energia vital*** fica evidente na sensação de se estar vivo.

O ***mundo físico*** fica evidente para os cinco sentidos.

O propósito de se traçar uma linha entre a sabedoria e a mente é definir que tudo abaixo da linha – a mente, a energia vital e o mundo físico – está constantemente conosco. A maioria das pessoas tem apenas uma vaga consciência dos níveis mais elevados de sabedoria, consciência de bem-aventurança e consciência pura.

Estamos energizados para permanecer vivos e prosperar, se possível. Essas funções estão organizadas no corpo energético. Se você está tão deprimido que se sente apático e sem propósito, seu corpo energético está esgotado. Nesse caso, não importa que seu corpo físico esteja funcionando normalmente (ou quase normalmente, já que a depressão tem efeitos colaterais físicos).

Você pode instintivamente sentir quando sua energia está baixa ou esgotada, o que indica que o corpo energético não é tão inerte quanto o termo *bainha* ou *casca*, outra definição de *kosha*, sugere. A autoconsciência aumenta quando você começa a pensar, entrando na região do corpo mental. O pensamento é tão básico para a existência que o filósofo francês René Descartes declarou: "Penso, logo existo" (*Cogito ergo sum*, em latim). Isso é discutível. Os rishis védicos inverteriam a lógica: *Existo, logo penso*. Mas deixando a filosofia de lado, a mente é o próximo elo na cadeia da criação.

A autoconsciência pessoal atinge seu ápice na sabedoria e o corpo de sabedoria, também chamado de "corpo do intelecto", lhe dá a capacidade de saber. Não apenas saber fatos individuais, como o fato de N'Djamena ser a capital do país africano do Chade ou que os glóbulos vermelhos são as únicas células do seu corpo que não contêm DNA. Por trás de tudo o que você sabe está a capacidade de saber em primeiro lugar. A sabedoria entra em cena porque os rishis se concentraram no conhecimento inato que não precisa ser aprendido, como raciocinar, amar, demonstrar empatia, ter insights, discernir a verdade das mentiras e criar algo novo, juntamente com a capacidade de admiração, curiosidade e descoberta. A sabedoria não deveria ser considerada algo raro, mas torna-se rara quando as pessoas têm pouca autoconsciência. É preciso muita autoconsciência para ser sábio.

O kosha mais sutil é o corpo da bem-aventurança. Em termos védicos, a "matéria" da criação não é material, mas consciente. Na verdade, a consciência pura é o ventre da criação. Isso não é algo que você possa racionalizar com o intelecto ou alcançar na experiência cotidiana. A consciência pura se revela na meditação profunda como um tipo de dinamismo no coração da criação. A forma como canalizamos esse dinamismo é pela experiência da bem-aventurança. Essa bem-aventurança é mais do que prazer ou êxtase. É uma vibração primordial dentro de uma experiência extrema. Fica envolta em uma epifania quando alguém repentinamente "vê a luz".

Os cinco koshas convenientemente colocam sua vida em níveis. O quanto você navega bem nesses níveis determina em grande parte como a história de sua vida se desenrolará. A autoconsciência pode levá-lo tão longe quanto a mente humana pode ir, a regiões de descoberta e curiosidade, uma vez que você alcance o corpo da sabedoria. O mundo tem visto pessoas incrivelmente criativas – dizia-se que Picasso fazia uma obra de arte todos os dias –, mas também é algo criativo você ter discernimento, perceber seu valor próprio e saber como viver e ser amado.

Na sua coleta de dados, a ciência moderna ignora os koshas mais sutis que não são físicos, excluindo tudo, exceto as medições físicas e as investigações limitadas ao mundo material. Ainda assim, é impossível produzir boa ciência sem insights, descoberta e curiosidade. A realidade dá um jeito de funcionar fora das regras. Einstein tinha frases eloquentes sobre isso, incluindo a seguinte: "A coisa mais bela que podemos experimentar é aquilo que é misterioso. É a fonte de toda verdadeira arte e ciência. Aquele para quem essa emoção é estranha, que não consegue parar para se maravilhar e ficar em êxtase, está praticamente morto; seus olhos estão fechados."

Nossos olhos permanecerão fechados enquanto nos apegarmos ao mundo material como nosso único lar e à sobrevivência como objetivo da evolução. A sobrevivência é um objetivo poderoso e todos nós atendemos ao seu apelo. Mas assim que você aprende sobre os koshas, fica óbvio que os humanos são multidimensionais. Cada dimensão permite expandir sua consciência sem limites.

Um começo prático é dedicar tempo todos os dias às coisas que você mais valoriza na vida. Que ideias o intrigam? O que é uma expressão criativa desejável? Você se sente inspirado com o quê? Seu objetivo é uma vida criativa, exatamente o oposto de uma vida regida pela rotina, pelo hábito e por opiniões recebidas. Dê a si mesmo a experiência de que precisa para escapar do confinamento do corpo físico. Aqui estão alguns pontos a serem considerados:

- Visualize a cor azul em sua mente. Agora ande pela sala, mantendo a cor em mente. Pergunte a si mesmo se o azul foi a algum lugar só porque seu corpo foi.
- Ao lavar a louça ou tomar banho, tenha uma lembrança feliz. Pergunte a si mesmo se sua memória fica molhada quando seu corpo fica molhado.
- Cante para si uma de suas músicas favoritas, uma música que milhões de pessoas conhecem. Pergunte a si mesmo se a música é sua ou se é uma experiência compartilhada na consciência coletiva. Como parte da consciência coletiva, você não se sente menos como si mesmo. Na verdade, se você já foi a um show e se deixou levar pela curtição da plateia, não se sentiu mais intensamente vivo, mais como você mesmo?
- Leia um poema, algum texto sobre espiritualidade ou um trecho escrito com sabedoria que o inspire. Um "eu" individual

> pronunciou essas palavras, mas o que foi necessário para criar inspiração? Nenhum indivíduo, nem mesmo uma única cultura. A inspiração é inata. Você sente a inspiração quando a sente, um momento de reconhecimento espontâneo que não foi inventado por você ou qualquer outra pessoa.

São pequenos exemplos de como você pode reivindicar sua verdadeira natureza multidimensional.

PARTE TRÊS

EXPANDA SUA CONSCIÊNCIA: SETE SALTOS QUÂNTICOS

A PROMESSA DE UM SALTO

Esta seção do livro tem como objetivo ajudá-lo a vivenciar um salto de compreensão ou um momento de insight. Um salto desses pode gerar mais mudanças do que qualquer coisa. De repente, você enxerga algo que nunca havia visto.

O oposto de um salto é a inércia, a rotina, o hábito e as coisas conhecidas. A rotina é confortável – todos nós vivemos 90% da vida quotidiana seguindo padrões estabelecidos e hábitos inconscientes com poucos desvios. Mas viver dessa maneira tem uma falha fatal: se você continuar fazendo sempre a mesma coisa, terá o mesmo resultado. Rotinas e hábitos tornam os saltos impossíveis.

A vida cotidiana impede que você saiba com total certeza quem você é e por que está aqui. Distante disso, todos, em algum momento, têm crises de insegurança, dúvida, confusão e conflito interno. Para superar, você pode fazer duas coisas.

Pode adquirir um conjunto de hábitos, rotinas e crenças que sirvam para reforçar a história que você escolheu viver. Sem saber por que sua história existe, você se apega a ela. A motivação oculta por trás de todas as histórias é fazer com que a personalidade egoica pareça real, para que possa seguir em frente sem se sentir constantemente insegura.

A outra opção é procurar saltos que levem à expansão da consciência – não apenas um único momento de insight, mas vários. Cada um aproxima você da sua fonte quântica, permitindo que diga cada vez com mais confiança: "Eu sei quem eu sou." Em outras palavras, você vivencia uma mudança de identidade, que não pode acontecer de uma só vez. É um processo evolutivo. Ou como declararam os sábios védicos: "Não é um conhecimento que você aprende. Este é um conhecimento no qual você se torna."

Logo abaixo da superfície, duas forças disputam sua atenção, embora você provavelmente não esteja ciente delas. Uma é a força da inércia; a outra é a força da evolução. A inércia tenta manter tudo igual; a evolução tenta explorar o novo e o desconhecido. Você pode deixar essas forças atuarem sem intervir. O resultado, no entanto, estará além do seu controle. A evolução é uma escolha criativa. Você pode dar um passo para o novo sempre que desejar. Mas o processo precisa se desenrolar naturalmente. Não há duas pessoas que sigam o mesmo caminho ao evoluir.

> *É possível evoluir sem o medo do desconhecido. Assumir riscos não é necessário, nem útil. Em vez disso, à medida que você se conecta com a realidade quântica, ela o guia do seu interior. A beleza de um salto de compreensão é que ele surge no momento certo, como se as travas de uma fechadura subitamente se alinhassem. Para que isso aconteça, algo, em algum lugar, deve saber quem você é e prever o que é melhor você. Sua mente pensante não possui esse conhecimento – ela está preocupada com sua história e em mantê-la funcionando. Nem sua mente inconsciente pode abrigar esse conhecimento, pois ela carrega medos reprimidos, mágoas antigas e anos de condicionamento.*

O único candidato a saber quem você realmente é está no nível onde todas as experiências são criadas. A essa altura, você já percebeu que esse nível de existência é o corpo causal ou o corpo quântico – o primeiro é o antigo termo védico e o segundo é o termo científico moderno. Mas eles são equivalentes. Uma vez que se conecte ao seu corpo quântico, você estará conectado à realidade "real". Porque ali, tudo é possível.

Agora você precisa tornar essa promessa uma realidade viva.

Como esta seção funciona

Esta seção funcionará apenas se você estiver disposto a evoluir. Portanto, é crucial ter em mente o que a evolução não é.

> Não é a mesma história que você está vivendo agora.
>
> Não é algo que você faz pensando.
>
> Não é doloroso ou assustador.
>
> Não é um processo de autoaperfeiçoamento.

O último ponto pode nos fazer parar e pensar; a maioria das pessoas não busca evoluir. Preferem melhorar a sua história, o que é certamente desejável. Sua história tem dois lados – positivo e negativo. Quem não gostaria de aumentar o positivo? Mas da perspectiva quântica, a melhor história do mundo, aquela que não contém nada de negativo de nenhuma forma, é simplesmente um upgrade da ilusão. O autoaperfeiçoamento ocorre no nível da personalidade egoica. Ele pode mudar sua vida para melhor no nível superficial, mas não o ajudará a entender quem você realmente é.

A perspectiva de evolução deixa a personalidade egoica nervosa. Ela fica preocupada que sua sensação de segurança cuidadosamente construída seja ameaçada. Mas seu ego só consegue construir uma falsa segurança. Um ditado védico afirma: "Remova todas as ilusões, e o que restar tem que ser real". Longe de ser uma ameaça, a evolução ultrapassa o limite para alcançar a bem-aventurança, o amor, a compaixão, a verdade, a beleza e a criatividade. Se você iniciar a jornada, poderá viver sua vida toda além desse limite.

A realidade quântica é atemporal e, portanto, a evolução nunca termina. Ela cria um arco ascendente até chegar ao lugar onde você possa dizer o mesmo que falaram os rishis védicos: "Aquilo que olha através dos seus olhos é Deus. Olhe para qualquer coisa e você realizará Deus."

#1: REALIDADE É EXPERIÊNCIA

As ideias mais revolucionárias podem soar muito simples. Realidade é experiência. À primeira vista, essa ideia parece óbvia. A luz é real porque você consegue enxergar, o que é uma experiência. O som é real porque você consegue ouvir, outra experiência. Mas há uma carga de profundidade escondida nessas duas declarações. A luz não é real se você não consegue enxergar e o som não é real se você não pode ouvir.

Expanda isso e inclua os cinco sentidos. O resultado é explosivo: *Nada pode ser real sem uma experiência*.

Se essa afirmação é verdadeira, o mundo fica de cabeça para baixo. Estamos condicionados a acreditar que a realidade é independente da experiência. As bases da constituição do cosmos, declara a ciência, são físicas. Começando com partículas subatômicas e alcançando a galáxia mais distante, a bilhões de anos-luz de distância, você não encontrará nada além de "coisas" grandes e pequenas. Essas coisas são consideradas reais sem questionamento. Empilhe as coisas mais simples e você começará a fazer coisas maiores. Os quarks, no fim, levam às galáxias; o RNA nos leva ao DNA humano.

Parece absurdo que esse ponto de vista possa ser equivocado. A falha só é revelada quando se vai à *causa* de tudo, e não à *matéria* de tudo. A matéria-prima de um violino é madeira, cola e arame, mas a causa de um violino – sua única razão de existir – é a música. Sem a experiência da música, um violino poderia muito bem ser um peso de porta. Da mesma forma, toda a realidade é justificada apenas por aquilo que vivenciamos.

Experimentamos a música mesmo sem o menor conhecimento de como fazer um violino. Vivenciamos estar vivos sem ter graduação em química. Um cético pode argumentar que a gravidade ou a velocidade da luz não precisa ser vivenciada; a gravidade e a velocidade da luz existem desde o Big Bang, há 13,8 bilhões de anos. Mas se virarmos essa proposição de cabeça para baixo, você percebe que nada a respeito da gravidade ou da velocidade da luz tem significado, até que afete um ser humano. A gravidade o afeta quando você cai ou joga uma moedinha do topo do Empire State Building, algo que você não pode fazer (tantas moedas são jogadas do Empire State Building que tiveram que construir a plataforma de observação para que, se jogassem moedas lá de cima, elas caíssem em uma superfície plana antes de chegar à rua lá embaixo. Felizmente, mesmo sem essa rede de segurança, uma moeda lançada do topo do Empire State Building não te machucará).

A forma pela qual a gravidade está associada à queda faz com que ela pareça uma força puxando objetos para o chão. Mas a gravidade não é uma força. Como Einstein deixou claro com a Teoria Geral da Relatividade, a gravidade é, na verdade, uma curvatura no espaço-tempo. É chamada apenas de "força da gravidade" por uma questão de conveniência, assim como dizemos "nascer do sol" e "pôr do sol", mesmo que ele não se mova pelo céu.

Quando você explora a Natureza com profundidade suficiente, as coisas físicas que parecem tão palpáveis desaparecem. No nível quântico, as partículas subatômicas piscam aqui e ali, aparecendo e desaparecendo da existência. Ao fazerem isso, elas levam consigo o espaço e o tempo por uma minúscula fração de milissegundo. Aqui também surge a gravidade. O que faz com que ela passe a existir? Essa é a pergunta certa a fazer, porque, agora, estamos no nível do corpo causal e somente a causa raiz revelará a verdade sobre qualquer coisa.

O corpo causal também é uma experiência? Não. O corpo causal é onde a existência se prepara para criar experiências. A sua mente, que trafega pela experiência, não consegue compreender sua própria criação, da mesma forma que um bebê não consegue se lembrar de nada que lhe tenha acontecido antes de nascer. Entretanto, enquanto você estiver no Universo da criação, a mente será inseparável do modo como a criação funciona. Em outras palavras, a criação cósmica tem um componente humano.

Essa é uma ideia inovadora porque desafia a noção aceita de que o Universo é separado e independente de nós. Para tornar isso mais pessoal, pergunte-se por que razão você tem um corpo. É uma massa independente de células, tecidos e órgãos que existem por conta própria? Ou é uma extensão de si? A segunda resposta faz mais sentido. Uma pista é dada por um estranho fenômeno médico envolvendo pacientes que tiveram corações transplantados. Certo número desses pacientes apresenta alucinações e até psicose temporária após a cirurgia.

Um número muito menor relata que tem repentinamente memórias que não são suas, com evidências apontando para a possibilidade de que essas memórias realmente pertençam à pessoa que morreu e doou o coração. Se o coração humano fosse apenas um pedaço de musculatura pulsante, esses fenômenos não deveriam existir. É quase como se o paciente que vivencia as memórias de um estranho tivesse recebido um transplante de cérebro. A resposta é que todas as células, e não apenas as células cerebrais, participam de todo o processo criativo que ocorre no corpo-mente de uma pessoa, desde seu nascimento. O objetivo de se ter um corpo, na verdade, é experimentar o mundo e o seu lugar nele. Perca isso e você perderá a experiência da vida.

Todos nós sabemos disso por instinto. Olhamos para a existência através das lentes da experiência pessoal. Por exemplo, você pode examinar um acidente de carro e explicá-lo pelas partes danificadas espalhadas e amassadas no local do acidente. No entanto, algo humano – um motorista bêbado, por exemplo, ou alguém usando o celular em vez de observar a estrada – diz o que causou o acidente. Eliminar o elemento humano transforma um acidente de carro em um evento físico sem sentido.

As explicações físicas nos dizem como as coisas acontecem; a experiência nos diz por quê. Isso parece semântica, mas a lacuna entre "como" e "por quê" faz toda a diferença quando se trata de amor, compaixão, insights, criatividade, devoção, inteligência e despertar espiritual. O "como" é um evento físico, que pode ser localizado no cérebro e rastreado até moléculas, átomos e partículas subatômicas. Em algum momento ao longo do caminho, como em um acidente de carro, a experiência é perdida. Sem dúvida, o amor não é real até que você o experimente, e o mesmo vale para o resto da lista.

Agora você pode ver por que a frase "Realidade é experiência" parece simples, mas contém uma carga de profundidade. Dentro dessas palavras está tudo que é acalentado na existência humana.

#2: O MUNDO É MÁGICO — VOCÊ É O MÁGICO

Compreender a realidade é um trabalho árduo. Vem sendo necessários mais de dois milênios – desde que o antigo conceito grego do átomo foi introduzido – para investigarmos os funcionamentos mais refinados da criação. O que torna a viagem irônica é que o átomo era um conceito falho. Um átomo, por definição, deveria ser o menor objeto na criação, mas no nível quântico as coisas desaparecem e o que ocupa seu lugar são as vibrações. É difícil olhar para o planeta Terra como a melodia de uma corda de guitarra cósmica e, claro, os detalhes ficam muito mais complicados. Mas as vibrações são tão cruciais para a física moderna que, mesmo para além do campo quântico, o estado de pré-criação é considerado o domínio das supercordas vibrantes (mesmo que não haja possibilidade de vê-las, uma vez que as supercordas existem antes do tempo e do espaço emergirem).

Depois que você descobrisse como cada vibração interage com todas as outras (uma tarefa impossível), todo o cosmos revelaria sua estrutura oculta. Se isso parece o fim da história, não é nem o começo. As vibrações são o maior exemplo da frase "Você não consegue chegar em Y a partir de X". Algo mágico acontece com as vibrações que desafia uma explicação física. A experiência nasce. A beleza que experimentamos ao observar um autorretrato de Rembrandt, ao ver um bebê recém-nascido ou ao ouvir Bach – tudo isso é produto de um ato mágico, e você é o mágico.

Comece com vibrações

Para abraçar o seu papel como mágico, primeiro você deve se aprofundar nas vibrações. Qualquer que seja seu estado psicológico neste momento, de desenganado e deprimido até alegre e otimista, ele começou como uma vibração no campo quântico. Quanto mais cósmica for a vibração, menos conectada ela estará com você, como o indivíduo que está lendo este livro. Então, onde nasceu o seu bom ou mau humor? Essa questão parece abstrata, mas nos leva às fronteiras de onde nasce a magia.

Tudo o que você enxerga, ouve, toca, saboreia ou cheira, você sente é vibracional, assim como é o campo quântico em si. Mas você não experimenta seus cinco sentidos como vibrações. O que vivencia são qualia, as qualidades de vida que tornam a experiência possível (a palavra *qualia* foi introduzida no Capítulo 6). Por si só, as vibrações no campo quântico não apresentam qualia. O campo quântico não é feliz nem triste, assim como não contém luz, som, aromas ou qualquer outro qualia. Eles surgem apenas através da consciência; eles são, na verdade, a essência da inteligência criativa.

Como declarou o pioneiro neurologista britânico Sir John Eccles: "Quero que você perceba que não há cor no mundo natural, nem sons – nada desse tipo – nem texturas, nem padrões, nem beleza, nem perfumes..." Isso soa inacreditável no primeiro contato. Você é como um mágico enganado por seus próprios truques.

Eccles segue em frente e explica por que precisamos abraçar a mágica como se fosse nossa. "O 'mundo lá fora' está sintetizado em nossa consciência." Todo mundo conhece o enigma. "Se uma árvore cai na floresta sem ninguém por perto, ela faz algum barulho?" A resposta é não. O som precisa de alguém para ouvi-lo; caso contrário, não existe. Os fótons devem pousar na retina do olho e enviar impulsos neurais pelo córtex visual para produzir luz visível, mas os fótons por si só são invisíveis.

Os rishis védicos fizeram essa descoberta primeiro, como é em muitos casos. Para eles, o corpo causal não está localizado "lá fora" no tempo e no espaço, porque o corpo causal cria o tempo e o espaço. Você emerge a cada segundo da zona de sombra entre a criação e a pré-criação – e traz consigo todos os qualia que dão sentido à sua vida. Não é surpreendente que fiquemos apaixonados por esse teatro mágico tão surpreendente e abrangente, que é conhecido como *maya* na tradição védica. A palavra em sânscrito é geralmente traduzida como "ilusão", mas uma tradução melhor é "distração". No início do aprendizado, todo estudante de mágica aprende que a ilusão de palco depende de distrair o público. A maioria de nós, na verdade, prefere se sentar na plateia e ficar maravilhado com a moça serrada ao meio a estar no palco sabendo que tudo aquilo é um truque.

Mas, com maya, o caso é o inverso. Somente sabendo como funciona o truque é que você consegue conhecer o segredo da criação.

São as duas últimas etapas – percepção e interpretação – que criam a magia do som, da visão, do tato, do paladar e do olfato. Certa faixa do espectro visível é magicamente transformada no vermelho de uma rosa, por exemplo, ao qual o observador acrescenta a textura aveludada da flor e seu perfume inebriante. A razão pela qual *mágica* é um termo legítimo para essa transformação é que você não pode misturar e combinar as vibrações para chegar aos qualia. Um exemplo tornará essa situação mais clara.

Um bebê chorando no quarto ao lado nunca é apenas uma coleção de vibrações, carregando energia e informação. É um evento esperando para ser interpretado. O choro do bebê é algo que deve deixá-lo alarmado, um sinal de doença ou sofrimento? É apenas mau humor passageiro ou um sinal de que o bebê está com fome e precisa de leite? Essas interpretações são cruciais. Os dados gerados são irrelevantes.

Os rishis védicos, por outro lado, afirmavam que as *vibrações já contêm experiência*. Essa noção tem implicações revolucionárias. O significado de qualquer experiência está acondicionado nas vibrações que desencadeiam uma cadeia de eventos. Toda a jornada que começa com uma leve vibração no campo quântico tem você em mente a cada passo do caminho, porque o objetivo é proporcionar a você (e a todas as outras criaturas vivas) uma experiência significativa. O aparato das amplitudes de onda, estados da energia, posição no tempo e no espaço etc., é necessário, mas não tem nenhuma semelhança com uma experiência significativa, da mesma forma como os toques nas chaves do saxofone não nos dizem nada sobre uma grande apresentação de jazz ou a abertura e o fechamento das cordas vocais de um bebê não nos dizem nada sobre o que ele está sentindo. Igualmente, você não pode quantificar o amor, a beleza, a verdade, a criatividade e o crescimento interior.

O corpo que você vê no espelho do banheiro faz parte de maya, que o mantém na superfície da vida. Em questão de mágica, esse truque é incrivelmente convincente. Ninguém vê o corpo como se fosse apenas uma imagem artificial, como em um filme. Se não estivéssemos criando a mágica, maya seria uma enganação cruel. Entretanto, uma vez que você aceita seu papel na criação da mágica, maya se torna o que sempre foi, puro teatro. Sua esperteza não passa de um truque de palco.

Você pode sentir uma pontada de nostalgia em relação aos tempos em que permanecia na plateia, mas é algo passageiro. É muito melhor acordar e descobrir as infinitas possibilidades que vêm de se estar consciente. Ganha-se muito mais, uma vez que aquilo que você acaba perdendo era o que o distraía da realidade.

#3: O VIVENCIADOR É ETERNO

Desvendar um mistério tende a revelar outro, que é exatamente o que acontece quando você aceita seu papel de mágico. Já que você está tomando uma decisão privada que ocorre apenas "aí dentro", como isso muda o mundo? Você pode decidir que é uma estrela do rock ou um empreendedor, mas isso não faz de você um deles necessariamente. O que há de tão especial nessa decisão específica? Não é que você entregou a si a chave da magia, e ninguém mais o fez.

Para esclarecer o assunto, imagine-se passeando no parque, aproveitando o sol do verão. Quem está tendo essa experiência? Você, é claro – a resposta é tão simples que a consideramos algo preestabelecido e garantido. Mas existem algumas implicações escondidas que revelam mais sobre a realidade. Durante todo o dia, suas experiências vêm e vão. Os acontecimentos de meia hora atrás se foram para sempre, a menos que algo memorável tenha acontecido. No entanto, você, o vivenciador, não veio e depois foi embora. Dentro de cada vivenciador está embutida a capacidade de manter a realidade unida. Caso contrário, seríamos escravos das impressões sensoriais, da mesma forma que um bebê vira a cabeça ao ouvir qualquer som alto e olha para qualquer cor brilhante. O bebê ainda não encontrou o vivenciador dentro de si e na tragédia da doença de Alzheimer avançada, o vivenciador está perdido.

O vivenciador pode se perder mesmo na vida adulta normal. Quando você se desliga, se distrai, para de prestar atenção, fica sonolento ou se sente sobrecarregado de ansiedade, todos exemplos de quem está vivenciando a perda de contato com sua própria realidade. Seu estado de consciência mudou. Graças à nossa vulnerabilidade aos altos e baixos da vida, estamos cegos para o fato de que um vivenciador eterno e imutável *tem que* existir. Há um distúrbio cerebral raro que causa a perda total da visão, da audição, do tato, do paladar e do olfato. Ainda assim, o vivenciador sabe que essa perda total ocorreu. O sono profundo sem sonhos pode parecer apagar todas as experiências, mas os iogues avançados testemunham que eles permanecem completamente autoconscientes no sono mais profundo – na verdade, eles declaram que é uma experiência de paz e felicidade supremas.

A testemunha

Os rishis védicos chamavam o eterno vivenciador de testemunha. Para que a testemunha seja real, você deve experimentá-la. Isso é bem fácil quando uma experiência chama sua atenção. Olhando uma foto do telescópio Hubble que revela galáxias que são tão numerosas quanto grãos de areia na praia, você pode sentir tanto espanto e admiração que para de pensar e simplesmente existe como uma testemunha silenciosa. O mais difícil é experimentar a natureza imutável dessa testemunha. Se conseguir fazer isso, perceberá que durante toda a sua vida, você nunca veio de lugar nenhum nem foi a lugar algum. A única razão pela qual isso soa místico ou incrível é sua atenção inconstante.

Basta desviar a atenção para você esquecer quem realmente é. Gatos ficam hipnotizados com ponteiros laser. Projete um ponto de laser vermelho no chão e, assim que seu gato o detectar, a perseguição começará. O gato seguirá o laser para onde quer que ele se mova. Seria um erro zombar dele e chamá-lo de "gato idiota", porque as pessoas perseguem fixações de forma igualmente obsessiva. O próximo prazer que você poderá ter ainda não existe; é apenas uma possibilidade. No entanto, quem não corre atrás do fantasma do prazer? Se você tem o hábito de se preocupar, não adianta nada se lhe disserem que 99% de tudo o que o preocupa nunca acontecerá. Uma mente preocupada nunca perde o hábito da fixação ansiosa.

Quando você faz a pergunta que deu início a esse capítulo, "Quem está passando pela experiência?", a resposta não precisa ser uma pessoa. Uma célula, um tecido, um órgão, um sistema e todo o corpo representam níveis de experiência totalmente diferentes. No entanto, um vivenciador silencioso e imutável une todos eles. A trilha leva a uma conclusão: em todos os níveis da Natureza, a consciência observa através das lentes da testemunha. A testemunha está sendo favorecida sempre que você:

Sente um contentamento profundo.

Experimenta a satisfação de estar aqui, agora.

Tem menos pensamentos incômodos.

Não acaba sendo vítima da ansiedade.

Para de se preocupar com o que pode acontecer a seguir.

Para de se fixar nas coisas que lhe faltam.

Aprecia as dádivas que você recebe agora.

Desfruta de calma interior e paz tranquila.

Vive com o coração cheio de alegria.

Sente pertencimento.

Esses momentos ocorrem na vida de todos nós, mas não os notamos ou os valorizamos o suficiente. Quando você dorme à noite ou entra em coma, a testemunha nunca desvia sua atenção e cuida de seu corpo. De alguma forma, a consciência sabe o que fazer mesmo quando nossa atenção fica à deriva. A testemunha eterna é necessária em todos os níveis da existência, por isso é muito melhor estar em contato com ela do que perder o contato. A testemunha não é passiva. Ela é dinâmica, com possibilidades nos próprios limites da criação.

É fácil vislumbrar a testemunha ao observar sua mente neste exato minuto. Observe seu próximo pensamento ou sentimento à medida que ele surge. A experiência é passageira. À medida que esse pensamento ou sentimento desaparece, surge um momento de silêncio. Mas esse silêncio está longe de ser vazio. Dele brotará seu próximo pensamento ou sentimento. Na verdade, a testemunha é a forma como você consegue ter pensamentos e sentimentos. A testemunha acrescenta o componente da atenção silenciosa.

Portanto, a testemunha não é uma escolha. Você não consegue existir sem ela, assim como um filme não pode acontecer sem a tela. Se a testemunha fosse simplesmente passiva, haveria pouco valor óbvio em se identificar com ela. É muito mais emocionante se identificar com o ego e seu drama. Mas os dramas são famosos por serem imprevisíveis e qualquer enredo pode dar errado. Se você vive no nível da sua história, que é feita pela mente, está construindo tudo sobre areias movediças. O ego percebe isso em algum nível, e é por isso que recorre ao apego como uma estrela-do-mar que se agarra firmemente a uma rocha para evitar que a maré a arraste. No entanto, o que funciona para as estrelas-do-mar não funciona para os humanos.

Uma vez que compreender a testemunha, você a notará com mais frequência e buscará um contato constante com ela. Você já sabe que é o vivenciador quando falamos dos cinco sentidos. Para muitas pessoas, isso é basicamente suficiente.

Preocupadas com os desejos sensuais – não apenas o desejo sexual, mas todas as coisas desejáveis que podem ser vistas, ouvidas, tocadas, provadas e cheiradas – elas têm um prato cheio à sua frente. Elas não têm curiosidade sobre quem realmente é o vivenciador ou por que razão alguém deveria se importar com isso.

Essa situação pode ser revertida com um simples exercício. Sente-se em silêncio e faça o exercício depois de ler a descrição. Depois de largar o livro, observe seus pensamentos indo e vindo. Não importa se são triviais ou importantes. Qualquer fluxo de pensamentos funciona da mesma maneira. O pensamento surge e desaparece. Há um intervalo de silêncio, então o próximo pensamento surge e desaparece. Feita essa simples observação, voltemos ao livro.

A razão pela qual você consegue pensar não é revelada em seus pensamentos, por mais surpreendente que pareça. Observe o seguinte fluxo de letras: elepareouduasperas. A sequência só ganha sentido adicionando-se espaço entre as letras (ele pareou duas peras). Da mesma forma, é necessário um intervalo de silêncio entre seus pensamentos para você ser capaz de pensar. Essa pausa não está em branco. Ela contém inteligência. É por isso que você pode distinguir parear, duas e peras. O som não ajuda em nada. Você tem que mergulhar em seu conhecimento silencioso para entender a diferença e quando mergulha nesse conhecimento, *na verdade, você não faz nada*. O conhecimento é simplesmente parte da sua consciência.

Na lacuna entre os pensamentos, todo o conhecimento está contido. Você não tem um imenso depósito de fichas de anotação para consultar. Neste exercício, você recorreu à testemunha, onde o conhecimento existe. Acontece que o vivenciador também é o conhecedor. Sem fazer absolutamente nada, você está testemunhando todos os tipos de conhecimento que tornam possível a sua existência. Por exemplo:

- Você sabe que existe e está vivo.
- Sabe onde está.
- Sabe que é você e não outra pessoa.
- Sabe o que seus pensamentos significam.
- Sabe como concentrar sua atenção.
- Sabe como parar de prestar atenção.
- Sabe como selecionar as palavras para o que quer dizer.
- Sabe onde existem lacunas no seu conhecimento.
- Sabe como usar seus músculos.

Uma vez iniciada, essa lista de conhecimento silencioso pode ser expandida quase que infinitamente. O conhecimento silencioso não requer energia; portanto, o cérebro, que demanda energia para cada processo, por menor que seja, não é o lar do vivenciador ou da testemunha. O vivenciador é sua própria casa. Você o visita em sua casa, nos intervalos entre cada pensamento.

Agora, abre-se uma possibilidade instigante. Se o conhecimento silencioso cria todos os pensamentos, talvez ele crie todas as experiências, uma vez que o pensamento não é a nossa única experiência "aqui dentro". Temos a experiência de sonhar, imaginar, elucubrar, perceber, sentir, ver imagens interiores etc. Sem a testemunha, nada disso seria possível. Deve haver uma lacuna entre duas experiências, e a testemunha se sente à vontade nesse intervalo. De repente, o conhecimento interior silencioso surge como a coisa mais necessária do mundo.

#4: O INFINITO É O NOVO NORMAL

Para descobrir quem você realmente é, precisamos ir a um lugar sobre o qual quase ninguém pensa – o infinito. Ficamos mais confortáveis dentro de uma referência menor. O corpo físico é uma referência natural, pois necessita de cuidados e alimentação todos os dias, e serve de abrigo do mundo exterior, como a cabana de um lenhador na floresta. Embora o corpo humano seja transitório e esteja sujeito a doenças e ao envelhecimento, identificamos esse frágil sistema de suporte à vida como o "meu" corpo. Em comparação, o infinito está muito, muito fora de alcance. O infinito, do ponto de vista físico, é inimaginável.

Mas se considerar o corpo quântico o "seu" corpo, você se tornará imediatamente um ser infinito, porque o corpo quântico considera a realidade do campo quântico, que é infinito em todas as direções. Isso pode não parecer uma vantagem, mas considere o seguinte. O campo quântico nunca envelhece ou adoece. Por mais impressionante que seja o genoma humano, o DNA das células se degrada com o tempo. Uma das degradações mais prejudiciais ocorre na ponta de uma fita de DNA, chamada telômero. Os telômeros criam uma extremidade firmemente definida para cada fita de DNA, como o ponto final desta frase. Mas, com o tempo, os telômeros ficam desfiados e desgastados, como a ponta desfiada de um pedaço de fio velho. Quando isso acontece, seu DNA não consegue mais se replicar com a eficiência que deveria ter, e seu corpo fica mais suscetível ao envelhecimento.

Seu corpo quântico nunca se desgasta ou se degrada com o tempo, porque o infinito não tem começo nem fim. Há uma passagem famosa no Bhagavad-Gita na qual o Senhor Krishna fala ao guerreiro Arjuna sobre a essência oculta da vida. "As armas não conseguem cortá-Lo nem o fogo pode queimá-Lo; a água não consegue molhá-Lo, nem o vento pode secá-Lo." Durante séculos, o *Ele* implícito na frase é como a natureza divina em todos nós foi chamada; o objetivo do buscador espiritual é encontrá-Lo e viver de acordo com Ele. Você pode considerar as palavras de Krishna como um texto de fé, que não é diferente de ter fé em qualquer texto religioso.

No entanto, no mundo secular moderno, *Ele* é mais bem descrito como o corpo quântico. O próprio fato de ser abstrato nos salva da ilusão de que Deus ou os deuses são humanos inconstantes em uma escala gigantesca, sujeitos a mudanças de humor, vingança e uma misericórdia errática. O corpo quântico existe em um campo infinito que não possui peculiaridades pessoais; portanto, nunca fica zangado ou amoroso contigo por algum capricho (sendo objetivo, ninguém jamais provou que Deus sente essas emoções também). Diferentemente, o corpo quântico é a origem de todas as experiências que alguém já teve ou terá. Deveríamos considerar o infinito como algo normal. Como uma estrutura de referências, abrange tudo o que é humano, estendendo o nosso alcance para além do finito.

A jornada eterna

O infinito é difícil de entender. Não se refere a algo enorme ou grande além da nossa imaginação. Refere-se a algo que não cabe no tempo e no espaço, em outras palavras, algo ilimitado. Como isso poderia se aplicar à vida cotidiana? Tomemos como exemplo a maior biblioteca do mundo (que não é a Biblioteca do Congresso, mas a Biblioteca Estatal de Berlim, que tem 23,4 milhões de livros), e você pode duplicar seu tamanho traduzindo cada livro para uma segunda língua. Adicione traduções em todas as línguas vivas do mundo, que estão estimadas por volta de 7 mil, e a biblioteca estará na casa dos bilhões. Mude a primeira palavra de cada livro, depois a segunda palavra, a terceira e assim por diante, e o número de livros aumentará para trilhões.

O exemplo soa tentadoramente como um bom caminho para se chegar ao infinito, mas, de fato, não é – não importa quão grande a biblioteca se torne, o número de livros ainda seria finito. No entanto, acessamos o infinito o tempo todo de uma forma muito mais simples. Cada palavra que você fala, cada pensamento que você tem, usa um número limitado de palavras tiradas de um vocabulário limitado. Isso se transforma no infinito com o apoio da criatividade. Sem conhecer todas as palavras do *Dicionário Aurélio da Língua Portuguesa*, que chegaram a 435 mil verbetes nas últimas edições, você pode pensar ou dizer algo original apenas com as palavras que conhece. Não importa quantas frases foram ditas por todas as pessoas que já viveram, um número igual permanece por ser pronunciado – na verdade, um número infinito, porque não existe um fim concebível para o que um ser humano pode dizer (matematicamente, isso é comprovado pelo fato de que não importa quão longa seja uma sequência de números, sempre é possível adicionar mais um a ela, *ad infinitum*).

Os seres humanos habitam um campo de possibilidades infinitas, não apenas em palavras e pensamentos, mas em ações, sonhos, aspirações, relacionamentos etc. Então, o que você está fazendo com sua parcela do infinito? Sua resposta poderá ser muito abreviada se estiver deprimido, pobre e solitário, ou poderá ser prodigiosa se você for o próximo Einstein. No entanto, a existência de possibilidades infinitas nunca muda. Todos compartilham a mesma jornada eterna, daqui até o infinito. Sem dúvida você já viu o símbolo matemático para o infinito (a seguir).

Esse símbolo é antigo e pode ser encontrado em muitas culturas, em particular na dos Vikings, pois era algo central na mitologia deles. Mas o que esse símbolo representa é muito mais antigo: a eternidade ou a vida sem fim. Seguindo o símbolo do infinito, você nunca encontra seu começo ou seu fim; é como a imagem da cobra mordendo o rabo, chamada miticamente de Ouroboros. Mas se você girar o símbolo 90 graus, obterá algo surpreendente: a jornada eterna em que tudo e todos estão.

Não parece ser o mapa da jornada até que façamos alguns ajustes.

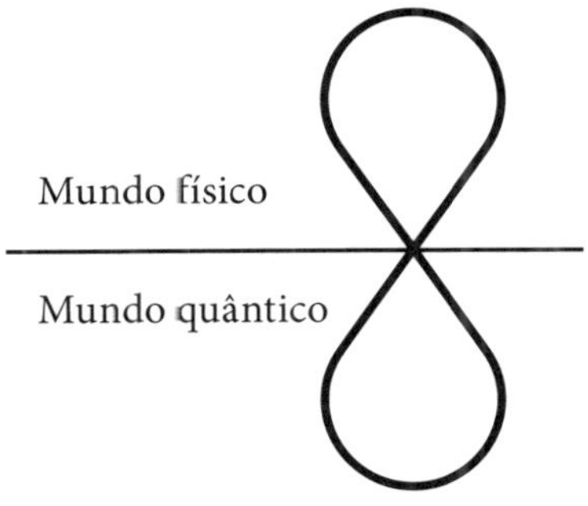

A realidade é fluida. Tudo viaja em um ciclo entre o mundo físico (ou macroscópico) e o domínio quântico. O que você vivencia diariamente está acontecendo na encruzilhada do infinito. O fato de o caminho ser um ciclo de feedback é muito importante. Ao contrário de um patinador no gelo traçando o mesmo número 8 com perfeita precisão, você se transforma toda vez que viaja acima e abaixo da linha que separa seus corpos físico e quântico.

Basta um pequeno impulso para sacudir todo o sistema de feedback, algo como o Efeito Borboleta, em que o bater das asas de uma única borboleta pode causar alteração suficiente no clima para desencadear um furacão em outro lugar. Esse exemplo vem da teoria do caos e pretende ser uma metáfora para pequenas causas que levam a grandes efeitos. Em termos humanos, substitua o bater das asas da borboleta pelas palavras *Eu te amo* sussurradas em sua orelha, em contraste com as palavras *Sua conta bancária está vazia*. Instantaneamente, todo o seu corpo reage, marcado por alterações na pressão arterial, na frequência cardíaca e nos hormônios que fluem por sua corrente sanguínea. Uma pequena causa pode abalar toda a sua realidade se as consequências são suficientemente sérias.

A conclusão lógica é que a viagem a partir do domínio quântico e para ele leva a um número infinito de transformações que podem ocorrer na mente e no corpo. O próximo pensamento ou palavra pode ser trivial, abalador ou algo intermediário. Como uma referência, nada é mais humano que o infinito.

#5: O CÉREBRO NÃO É A MENTE

As teorias podem ser julgadas tanto pelo que deixam de fora quanto pelo que incluem, e quanto menos for deixado de fora, melhor. Muito é deixado de lado quando qualquer teoria confunde o cérebro com a mente. Essa é uma suposição tão comum que, para a grande maioria dos neurocientistas, Cérebro = Mente. Se você cometer esse erro, decidirá que a visão é criada pelo córtex visual, a audição pelo córtex auditivo, o olfato pelo bulbo olfatório e assim por diante.

Com um mapa cerebral detalhado, segundo o pensamento, a neurociência será capaz de apontar para o aglomerado exato de células cerebrais onde cada pensamento e sensação são criados. A falha desta visão é que o cérebro não tem nenhuma experiência – ele apenas transmite o que a mente está vivenciando. Se você sabe álgebra, seu cérebro sabe álgebra? Se você adora chocolate, seu cérebro adora chocolate? Seu cérebro fica deprimido, exultante, ansioso ou orgulhoso? A resposta correta para todas essas perguntas é não. Então, por que a ciência médica continua a afirmar que o cérebro é responsável pela mente?

Um dos motivos é o efeito poste de luz, ou princípio da busca do bêbado, que recebeu esse nome de uma velha piada. Um homem está engatinhando sob um poste de luz, com as mãos e os joelhos no chão. Um transeunte pergunta o que ele está fazendo e o homem diz: "Estou procurando minhas chaves". O transeunte se ajoelha para ajudar, mas depois de alguns minutos, diz: "Tem certeza de que perdeu suas chaves aqui?"

"Não", responde o primeiro, "eu as perdi no parque".

"Então por que você está procurando aqui?", pergunta o transeunte.

"Porque é aqui que está a luz", diz o homem.

O efeito poste de luz, portanto, descreve a tendência de ser mais fácil olhar onde há luz. É muito mais fácil olhar para o cérebro do que para a mente; nas tomografias computadorizadas e nas ressonâncias magnéticas funcionais, as imagens literalmente brilham. E não é só isso; elas se iluminam em áreas associadas a diferentes tipos de atividade mental. Nas últimas décadas, as tomografias cerebrais eram rudimentares, medindo pequenas alterações no fluxo sanguíneo que apareciam "quentes" ou "frias" na imagem. Mas a tecnologia está tão avançada atualmente que alguns pesquisadores inovadores dizem detectar exatamente o que uma pessoa está pensando ou sentindo, de acordo com a atividade cerebral, em padrões muito precisos.

Mas se você acredita que essa evidência é suficiente para dizer Cérebro = Mente, privou a consciência de sua própria existência. A consciência é apenas mais um padrão de pontos quentes e frios no cérebro – em outras palavras, um subproduto –, como o calor emitido por uma fogueira. Você está dizendo que a matéria vem antes da mente, o que é o oposto do que este livro diz.

A grande divisão

A discussão entre "a mente primeiro" ou "a matéria primeiro" criou uma grande divisão, que aparentemente diz respeito apenas aos cientistas e aos filósofos, mas, na realidade, afeta a vida de todos. Se você não aceita que a consciência é a origem da criação, descarta ao mesmo tempo a inteligência criativa, juntamente com os conceitos relacionados, como a sabedoria do corpo. Até mesmo a conexão mente-corpo se torna suspeita se tudo tem uma causa física.

Vale a pena fazer uma pausa para listar as outras falhas de supor que o cérebro cria a consciência, em outras palavras, a mente.

POR QUE O CÉREBRO NÃO É A MENTE

O cérebro contém átomos e moléculas comuns. Átomos e moléculas não pensam.

O cérebro não tem luz nem som dentro de seus tecidos moles cinzentos. Não há imagens ou música em seu cérebro, mas, de alguma forma, você vê imagens e ouve música.

Ninguém sabe como o cérebro pode montar um mundo tridimensional completo a partir de bilhões de bits de dados espalhados. Isso seria como adicionar mais fios a um sistema telefônico e afirmar que ele aprendeu a falar uma língua.

O cérebro não tem localização para o *self*, o "eu" com o qual todos nos identificamos.

Operações vitais, como armazenar e recuperar memórias, permanecem totalmente inexplicadas. As áreas do cérebro onde a memória é armazenada são como estantes de livros; só que, no lugar de livros, o que essas áreas armazenam é invisível e a razão de uma memória ser armazenada e outra não permanece inexplicada.

Não há provas de que o cérebro tenha experiências de qualquer tipo. Ele tem apenas atividade eletroquímica.

Essa lista de inconsistências, lacunas e conjecturas não comprovadas deveria ser suficiente para convencer qualquer pessoa de que o cérebro não cria a mente. Mesmo na linguagem comum, dizemos "Mudei de ideia", "Ainda não tenho a decisão certa", e não "Mudei meu cérebro" ou "Ainda não tenho o cérebro certo". Essas expressões são sobre tomada de decisão. Um piano não escolhe qual música tocar. As pessoas fazem uma pausa antes de tomar uma decisão tão simples quanto escolher um prato no cardápio de um restaurante ou tão complicada quanto casar ou mudar de emprego. O cérebro não tem botão de pausa. Cada sinal acontece instantaneamente no momento presente, por isso é difícil acreditar que a massa cinzenta permaneça atenta ao cardápio de um restaurante antes de decidir o que pedir.

Mas o verdadeiro problema não está à vista. Seu cérebro nunca o levará à consciência expandida ou a estados mais elevados de consciência. É um equipamento fixo. Há flexibilidade incorporada na forma como o equipamento funciona, conhecida como "neuroplasticidade", por meio da qual áreas danificadas podem desenvolver novas células cerebrais. Por toda a sua vida, novas conexões são feitas de uma célula cerebral para outra, usando filamentos chamados "dendritos" (assim chamados porque se ramificam como uma árvore, e *dendro* significa "árvore" em grego).

Apesar dessa notável flexibilidade, o cérebro não consegue evoluir aqui e agora; o cérebro superior que o *Homo sapiens* possui acima de todas as outras criaturas levou milhões de anos para evoluir. O pensamento, contudo, pode evoluir instantaneamente; mais ainda, ele tem que evoluir. Caso contrário, ainda estaríamos pensando como bebês e nunca teríamos aprendido a ler. Adquirir qualquer nova habilidade é evolutivo e algo que é sempre impulsionado pela mente. Em um sentido prático, "a mente primeiro" faz parte do nosso manual de instruções desde o nascimento.

Se você deseja ter as experiências mais elevadas na vida – amor, compaixão, paz, criatividade, insights, inteligência, empatia e crescimento interior –, elas devem ser encontradas na consciência. A motivação para a busca reside na consciência porque, por sua natureza, a inteligência criativa faz apenas escolhas evolutivas. Ela é autoevolutiva, enquanto o cérebro, embora seja receptivo a mudanças, funciona em grande parte com base em antigos condicionamentos e apoia-se em suas configurações padrão.

Deveríamos comemorar, portanto, que o cérebro não é a mente. A neurociência promete grandes avanços no futuro e a medicina se beneficiou enormemente da imagiologia cerebral. Mas vale a pena lembrar que, por mais milagroso que possa ser o próximo avanço médico, foi a mente que criou Shakespeare. Sobre isso, o cérebro não tem nada a dizer.

#6: O "EU" É UM MAU HÁBITO

De uma perspectiva quântica, o ego é um mau hábito que ainda não aprendemos a eliminar. As palavras mais comuns são "ser", "e" e "de", mas, no uso diário, "eu" chega ao topo. A palavra foca naquilo que pensamos, dizemos e fazemos, separando o indivíduo de todos os outros "eus" no mundo. Graças ao ego, você não se mistura à multidão, como ondas idênticas no oceano. Contudo, do ponto de vista do campo quântico (e a tradição védica também concordaria), você é como uma onda no oceano.

Isso não é seletividade metafísica. Sua própria identidade depende disso. Você está separado, isolado e sozinho, ou faz parte do todo, fundindo-se com a existência cósmica? Não parece ser uma escolha prática para a maioria das pessoas (se é que já ouviram falar de tal escolha, o que é questionável). Para a grande maioria, esse "eu" estabeleceu há muito tempo seu plano de vida, que se configura como um caminho tortuoso que ziguezagueia entre "quero X" e "não quero Y".

Cada um de nós viveu com o "eu" caminhando ao nosso lado, monitorando tudo o que acontece, criando a história que tem esse "eu" como protagonista central. O "eu" se encaixa tão naturalmente no esquema da sua vida que você dificilmente acreditaria que o "eu" é uma invenção mental, e uma invenção totalmente falha. Volte a um axioma que já andou aparecendo por aqui: *Nada é real, a menos que seja real para você.* Se você vê o mundo pelas lentes de uma identidade isolada, confinada e separada – a definição desse "eu" – apenas o mundo físico é real.

O hábito do "eu" mascara o seu verdadeiro eu. Você não é uma mente isolada encerrada em um corpo físico. Você é o fluxo da inteligência criativa. Na sua fonte, onde o corpo causal e o quântico se fundem, você é a própria consciência. Esse é o seu verdadeiro status, ao passo que tudo o que o seu ego lhe diz está ligado à dúvida, à insegurança e ao medo. "E eu?" e "O que acontecerá comigo?" são os mais comuns dos pensamentos ansiosos.

Os cinco *kleshas*

Na prática psiquiátrica, o campo conhecido como "psicologia do ego" é complexo demais para ser compreendido por um leigo. Mas os rishis védicos vão direto ao ponto, reduzindo as falhas do "eu" a cinco erros que são a causa original da dor e do sofrimento. Eles os chamavam de *kleshas*. Não importa o que você tema que pode acontecer contigo, não importa o quão descontrolada seja sua imaginação em relação aos piores cenários possíveis, um dos cinco kleshas está em ação. Mas a questão toda é que os kleshas são falsos. Eles levantam o fantasma do sofrimento na mente mesmo quando nenhum sofrimento está ocorrendo.

Na linguagem cotidiana, os cinco kleshas são

1. Ignorância (a incapacidade de distinguir o real do falso).
2. Egoísmo (identificar-se com o "eu", o *self* individual).
3. Apego (agarrar-se a certas coisas, objetos de desejo).
4. Aversão (rejeitar outras coisas, objetos de repulsa).
5. Medo da morte.

Essas cinco fontes de sofrimento são todas criadas pela mente. Elas também não existem no corpo quântico ou no corpo físico – uma célula do fígado ou do coração não tem problemas com o ego ou o apego. As células são desprovidas de medo da morte; na verdade, a morte programada (biologicamente conhecida como "apoptose") faz parte do projeto da célula para abrir caminho para uma nova vida.

Parte do plano do ego é evitar que você enfrente seus medos mais profundos, mas eles existem logo abaixo da superfície e entrelaçam você aos cinco kleshas. Pela visão dos rishis védicos, acabar amarrado é totalmente desnecessário. O que a mente fez, a mente pode desfazer. Faremos isso, um klesha de cada vez.

1. Ignorância (a incapacidade de distinguir o real do falso)

Se o primeiro klesha for esclarecido, ele cuidará dos outros quatro; portanto, é o mais importante. A ignorância é o produto de se enganar vendo a si mesmo como um ser isolado, preso em um corpo físico. "Eu sou este corpo" é uma afirmação completamente falsa. "Eu estou neste corpo" é igualmente falso. A realidade é que o corpo físico é o produto do fluxo da inteligência criativa. É um processo que acontece quando a consciência se transforma no mundo físico. "Eu sou a própria consciência" rompe a ilusão criada pela ignorância.

2. Egoísmo (identificar-se com o "eu", o *self* individual)

Com o primeiro klesha estabelecido, criando isolamento dentro do corpo físico, o ego vê sua importância aumentada. Ao "eu" é atribuído o dever de sobreviver dentro do corpo e uma torrente de desejos jorra em resposta ao prazer e à dor. O ego se torna a identidade da pessoa. Em vez de reconhecer que "eu sou consciência", todo mundo acredita em "eu sou a minha história e quero para mim a melhor história que eu puder conseguir".

3. Apego (agarrar-se a certas coisas, objetos de desejo)

Depois que você se identifica com sua história, algumas experiências são mais desejáveis que outras. O próximo passo é se apegar a esses desejos. O "eu" se funde com o "meu". Todas as coisas com as quais você se cerca para se sentir mais digno e bem-sucedido – uma carreira sólida, uma bela casa, dinheiro no banco etc. – tornam-se muito difíceis de abandonar. Possuí-las é algo tão pessoal que o apego passa a dominar sua existência.

4. Aversão (rejeitar outras coisas, objetos de repulsa)

O oposto do apego é a aversão – rejeitamos as coisas que não queremos com a mesma força com que nos apegamos às coisas que queremos. A aversão à dor física é natural, mas muito mais poderosa é a aversão psicológica. Se você quebrou o tornozelo no parquinho quando criança, a dor provavelmente não deixou uma impressão duradoura. Mas se você foi humilhado na escola, a aversão a ser humilhado novamente terá um efeito duradouro, geralmente por toda a vida.

5. Medo da morte

A aversão final é a morte, que é temida como uma espécie de aniquilação. Esse klesha completa as repercussões do primeiro, porque se você se identificar com seu corpo, se identificará com sua morte. Sempre que protege seu corpo de danos, fica ansioso com o envelhecimento ou se sente ameaçado por doenças, a sombra do medo da morte passa por você. A ilusão é que "meu corpo se foi" equivale a "eu parti junto".

Todos os cinco kleshas são negados por uma única realização: "Eu sou a própria consciência." Não há necessidade de confrontar um klesha de cada vez. Coloque seu foco no fluxo da inteligência criativa e ela poderá abrir o caminho para você. Seu senso de identidade pode escapar do confinamento do corpo físico, que o "eu" transformou em um escudo contra a realidade.

#7: A EXISTÊNCIA É A SUA GLÓRIA MAIOR

A existência é a sua maior glória? De todas os saltos quânticos, este último é o mais intrigante. À primeira vista, não há nada de glorioso na existência, que traz dor e prazer, êxtase e sofrimento. Se você deseja nomear a maior glória do ser humano, muitas outras respostas parecem mais atraentes: nossa criatividade, nossa capacidade de amar, nossa autoconsciência. Até mesmo a inacreditável complexidade do DNA e do cérebro humano estariam no topo para muitos cientistas.

Mas nenhuma dessas coisas abrange o mistério e o milagre completos de ser humano. Pode-se dizer que os últimos 200 mil anos, desde o aparecimento do *Homo sapiens*, vêm sendo utilizados na exploração desse mistério ou milagre: nós, seres humanos, somos fascinados por quem realmente somos e nenhum aspecto de nossa existência, nem mesmo o amor, a criatividade e a autoconsciência, é suficiente. Algo sempre fica de fora. Sempre há um novo horizonte a ser atravessado.

Não há nenhum lugar onde você possa ir para encontrar as respostas definitivas, com exceção da própria existência. A existência contém tudo, e é por isso que, na Índia antiga, a unidade da existência que inclui tudo foi chamada de *Brahman*, da raiz sânscrita que significa "crescer ou expandir". Brahman é a realidade máxima porque pode se expandir infinitamente. Não importa o quanto da criação ela abranja, ainda resta espaço infinito para mais.

Como Brahman inclui tudo, não pode ter forma, tamanho ou localização. Para ser completo, o conceito de *abranger tudo* deve incluir não apenas o passado, o presente e o futuro, mas também *todos os possíveis* passados, presentes e futuros. A noção dá um nó na cabeça. Cada pensamento que você já teve diverge como parte de uma nova linha do tempo e o que você chama de vida é apenas a linha do tempo que você escolheu, e continua escolhendo, a cada momento. As outras linhas do tempo não fazem parte da sua experiência, mas existem; são os fantasmas das estradas não percorridas.

Tal esquema é inconcebível. No entanto, Brahman não é uma noção abstrata. Você está pessoalmente incluído. Os Vedas declaram que Brahman é *Atman*, sendo Atman a alma individual. Você é Atman, o que significa que sua alma está costurada à estrutura da existência. Mas uma alma não é o mesmo que uma pessoa, e os Vedas completam o quadro declarando: "Brahman é Atman e Atman é *Jiva*", e Jiva é a pessoa individualizada (uma analogia dos Upanishads é mais fácil de entender: dois pássaros estão em uma árvore. Um come enquanto o outro observa amorosamente. Nessa imagem, Jiva é o pássaro que come a fruta, enquanto o companheiro que o observa é Atman).

"Brahman é Atman e Atman é Jiva" dá à sua existência uma dimensão cósmica. Em três palavras em sânscrito, abraçamos o que o cristianismo medieval chamava de Grande Cadeia do Ser, uma criação ininterrupta que vai de Deus até a menor partícula do campo quântico. Por causa da Grande Cadeia do Ser, Deus consegue ver a queda de um pardal. No entanto, de alguma forma, os Vedas, ou qualquer outra tradição de sabedoria, não transformaram as pessoas que os ouviam. Naquela época, como agora, a iluminação tinha pouca semelhança com a vida cotidiana. Se seu filho fica doente ou os canos de água estouram no inverno, um sábio iluminado é a pessoa errada a quem recorrer. Tudo o que você ouvirá é "Brahman é Atman e Atman é Jiva", o que não será de qualquer ajuda, dadas as circunstâncias.

Isso ilustra por que vivemos em um mundo de pernas para o ar. Em vez de ver a vida a partir da visão mais elevada de possibilidades, nós a vemos a partir do nível dos eventos mundanos e cotidianos. A intenção deste livro é virar a imagem e colocar o lado certo para cima. Se você enxergar sua vida com uma visão mais elevada primeiro, ainda assim levará uma criança doente ao médico e chamará um encanador quando os canos estourarem no inverno. Mas esses eventos serão integrados à visão maior.

Em outras palavras, depois de conhecer sua essência, você poderá buscar o ponto de conexão entre você (Jiva) e seu verdadeiro *self* ou alma (Atman). A razão para fazer essa conexão é experimentar o fluxo de amor, compaixão, percepção, empatia, verdade, beleza, criatividade e crescimento interior.

A essa altura, você já está familiarizado com a realidade eterna desses valores mais elevados – ninguém os inventou ou imaginou. Eles são inatos. Eles vêm no pacote da consciência humana já na fonte. Infelizmente, esse aspecto de "Brahman é Atman e Atman é Jiva" saiu dos trilhos quando essas palavras foram desconectadas da vida cotidiana e relegadas apenas à espiritualidade. De forma semelhante, o ensinamento de Jesus, "O Reino dos Céus está dentro de nós", foi negligenciado quando as pessoas decidiram que o Céu estava fora delas mesmas, um lugar acima das nuvens que só pode ser alcançado depois que morrermos.

Quando os ensinamentos mais fundamentais sobre a existência são desviados, é inevitável que o mundo fique de pernas para o ar. A essência fica escondida sob a confusão caótica dos deveres, das demandas e dos desejos diários. Um diamante está enterrado na poeira da estrada. O poeta William Wordsworth declarou como era a situação há 200 anos: "O mundo é demais para nós; cedo e tarde. Adquirindo e gastando, desperdiçamos nossas faculdades."

Tudo é restaurado ao que deveria ser quando você está conectado ao verdadeiro *self*. Em termos védicos, Jiva não pode viver sem Atman. A consciência superior não é um objetivo. É uma dimensão escondida. Você não pode chegar lá usando sua mente, seus cinco sentidos e seu ego. Mas este não é um conselho de desespero. O verdadeiro *self* é feito de consciência e nada mais. Por isso é valioso ficar mais atento, fazer tudo o que puder para escapar de seus hábitos, crenças e condicionamentos inconscientes.

No entanto, existe uma visão ainda mais elevada do que essa, que vê tudo não na consciência, mas na existência. A dimensão oculta, ao que parece, não requer busca. Requer apenas uma coisa: estar aqui, agora. Esta não é uma mensagem mística codificada. Significa o que diz. Se você está aqui, agora, isso é o suficiente. Em vez de buscar seu verdadeiro *self*, ele o encontrará onde quer que esteja. Aconteceu um problema incômodo que mexeu com a consciência dos cristãos vitorianos. Será que as pessoas que vivem em terras distantes (em outras palavras, os pagãos) serão redimidas se nunca tiverem ouvido falar de Jesus? A resposta foi não, e deu ímpeto ao trabalho missionário que se espalhou pelo mundo e continua até hoje.

Se você reformula a pergunta – "Será que alguém encontrará seu verdadeiro *self* se nunca ouviu falar dele?" – a resposta é sim. Você não pode quebrar a ligação entre Jiva e Atman. Somente no nível de Jiva (seu "eu" individual) existe ignorância. Atman o conhece à luz da consciência pura. Está intimamente em contato com seus pensamentos, palavras e ações. Portanto, é ele, e não você, que abre o caminho para o verdadeiro *self*. Em comparação, quando a agulha de uma bússola se move, na verdade ela não faz nada. É a atração do polo magnético da Terra que está no comando. Ele governa o que a agulha parece fazer sozinha.

A atração magnética do verdadeiro *self* (conhecido em sânscrito como *swarupa*) opera constantemente, e você responde constantemente, mesmo que nunca tenha ouvido falar do verdadeiro *self*. Tudo acontece na consciência, obedecendo a certos princípios, como se segue.

COMO SEU VERDADEIRO *SELF* CHEGA ATÉ VOCÊ

Todos conseguem perceber que seus pensamentos estão sempre em movimento, mas o que permanece escondido é que o estado de consciência de todos também está em movimento. A maré da consciência entra e sai como as marés do oceano. Como a maré da consciência está sempre fluindo, você nunca consegue ficar totalmente inconsciente. *Swarupa*, a atração do *self*, eleva seu estado de consciência com os seguintes meios:

- A atração da alegria. A mente é naturalmente atraída para uma felicidade maior.
- A experiência do amor. Como afirmou o grande poeta bengali Rabindranath Tagore: "O amor não é um mero sentimento. É a verdade máxima que está no cerne da criação".
- O súbito aparecimento de um momento de insight.
- Inspiração para a grande arte, música e poesia.
- O fenômeno de uma experiência de pico, que revela uma visão de possibilidades mais elevadas.
- A tradição de sabedoria transmitida ao longo dos séculos em todas as culturas.
- O desejo por significado e propósito.
- A atração da curiosidade e da descoberta.
- Uma sensação vaga de que há algo mais na vida.
- A sensação interior de que você é importante e não está sozinho.
- O sentimento inevitável de que existe um propósito mais elevado por trás de tudo.
- O desejo de crescimento interior.
- Ter uma intuição que se revela correta.

Essas coisas não são distribuídas igualmente – as pessoas experimentam mais de uma coisa e menos de outra. Infelizmente, há pessoas que sofrem por ficarem presas em um estado de ansiedade, depressão e desesperança. Mesmo nos tempos de baixa, porém, a consciência deve se mover. O menor lampejo de autoconsciência pode desencadear uma nova direção na vida de alguém.

O ponto essencial é que o verdadeiro *self*, ou verdadeiro eu, embora silencioso, está integrado na vida de todos e tem influência. *Swarupa* está integrado em nosso projeto como seres humanos

Estar aqui, agora significa que não há nada para fazer? É uma escolha pessoal. Cada um de nós decide o quanto queremos crescer, evoluir, encontrar sentido em nossas vidas e buscar um estado mais elevado de consciência. Em muitos aspectos, os problemas urgentes que a humanidade enfrenta não serão resolvidos sem pessoas que queiram todas essas coisas. Os seres humanos evoluem ao passo de uma pessoa por vez.

Consciência simples

O verdadeiro significado de *Estar aqui, agora* é a confiança. Você pode confiar que a existência contém não apenas a possibilidade, mas a realidade de uma vida ideal. A existência não é uma tela em branco – ela é dinâmica, alegre e cheia de possibilidades incalculáveis. Para perceber isso com plenitude, você pode começar a praticar a consciência simples. Essa consciência é um estado relaxado, aberto e receptivo. A maioria das pessoas sente exatamente o oposto na maior parte do tempo, graças a hábitos arraigados que fecham a mente, ao impacto do estresse que causa tensão e ao medo da mudança, que torna a mente pouco receptiva.

Em vez de tentar corrigir todos os problemas batendo de frente, a consciência simples permite, sem esforço, que o verdadeiro *self* ofereça uma solução. Um elemento importante é permanecer centrado ao longo do dia, porque isso incentiva sua consciência a se estabelecer em um padrão relaxado. Apresentamos uma meditação centralizadora no Capítulo 3 que irá lembrá-lo de como isso funciona na prática. Você possui uma resiliência interior natural que pode ser restaurada até que, com o tempo, a consciência simples substitua o que a maioria das pessoas considera seu padrão: estar estressado e distraído.

Outro aspecto da consciência simples é que você começa a se conectar com o nível sutil de sentimento. É mais sutil sentir amor do que sentir medo; a compaixão é mais sutil do que o egoísmo. O elemento comum em todos os sentimentos sutis é que eles são cheios de bem-aventurança. A doçura da vida é transmitida, não precisando de nada além de estar aqui, agora. O sentimento sutil faz parte da sua composição.

Você pode começar a tirar vantagem disso imediatamente. Sempre que se deparar com uma situação que o deixa confuso, em conflito ou indeciso, pause por um momento. Acalme o diálogo que está acontecendo em sua mente e relaxe. Espere para perceber como você realmente se sente e o que precisa fazer. Para algumas pessoas, ajuda colocar a atenção no coração ou no abdômen, onde surgem as "sensações da intuição".

Você não precisa capturar repentinamente um impulso interior sutil. As mensagens que as pessoas recebem "aqui dentro" são confusas. Se você não sentir uma orientação clara, apenas aceite e siga em frente. O propósito, no início, é simplesmente se voltar para dentro. Com o tempo, você começará a reconhecer o estado calmo, tranquilo e centrado da consciência simples, de onde se originam a intuição e os sentimentos sutis. Esse lugar é o oposto de onde vêm os sentimentos grosseiros, que são:

Raiva, hostilidade

Ressentimento

Suspeita

Autojulgamento

Ansiedade

Medo

Remorso

Culpa

Vergonha

Egoísmo

Inveja e ciúme

Um padrão de sentimentos grosseiros impulsiona a todos, portanto, chegar a um nível melhor de consciência é inestimável. Não é possível lutar contra eles quando surgem. Esses sentimentos são gerados pelo ego e por sua total confiança em experiências passadas. Os sentimentos grosseiros repetem o passado, não deixando espaço para mensagens mais sutis e verdadeiras, que vêm do presente. Essa distinção lhe diz para não confiar neles. Mesmo que não consiga sintonizar mensagens melhores, afaste-se da situação. Ser tomado por esses sentimentos leva a decisões ruins e escolhas erradas das quais você se arrependerá mais tarde.

A escolha que você enfrenta agora é com que frequência e quando retornar à consciência simples. Não deixe que momentos estressantes o dominem; não espere até ficar sobrecarregado. A consciência simples precisa se tornar um projeto seu. Nunca é demais enfatizar que é fácil tornar essa consciência simples o seu padrão, uma vez que você reconheça a sensação que ela traz. Depois disso, voltar a ela repetidas vezes traz o seu verdadeiro *self* cada vez mais para perto de si.

Desapego

Finalmente, há um aspecto do *Estar aqui, agora* que confunde quase todo mundo, ou seja, o desapego. Ele lida com como e por que se distanciar de algo. A insegurança do ego faz do apego uma tentação constante. Portanto, as pessoas tendem a se agarrar a tudo na maior parte do tempo e têm dificuldade em se desapegar. Tememos que o abandono de um relacionamento, por exemplo, nos deixe solitários, sem amor e ignorados. Tememos deixar para trás crenças e atitudes confortáveis porque pensamos que elas nos definem. Apegar-se é o oposto de confiar na existência.

O desapego o convida a abandonar o apego a tudo aquilo que você deseja da vida. Isso não significa desistir da intenção de realizar seus desejos – você apenas desiste do apego ao resultado. Dor e sofrimento incalculáveis estão enraizados na insistência teimosa de que as coisas devem acontecer de certa maneira. Essa atitude dá origem à estagnação em muitas áreas, incluindo relacionamentos, família e carreira.

Quanto mais preso você está, mais o seu ego se apega, insistindo que apenas um caminho é o certo. Essa insistência vem da insegurança fundamental do ego. Sua insegurança é inevitável. A alternativa é buscar a orientação de uma consciência mais profunda; em outras palavras, seu verdadeiro *self*. Nesse nível, você não ficará se agarrando às situações nem ficará preso a elas.

A mudança do apego para o desapego é tão profunda que envolve sua própria identidade. Se você se identifica com o conjunto caótico de experiências que chama de história de vida, está se apegando a uma ilusão de quem você é. O momento presente não é uma história. É uma oportunidade criativa. Deixe novas possibilidades fluírem e você ganhará a recompensa do desapego. No uso diário, a palavra *desapego* é mal compreendida e confundida com "indiferença". Elas não são iguais. A indiferença é a atitude do ego de "isso não tem nada a ver comigo". O desapego, por outro lado, envolve uma atitude de "estou aberto ao que surgir no meu caminho". O desapego permite que você viva de um lugar onde a inteligência criativa flui livremente, sem expectativas ou resistência, do seu verdadeiro *self*.

É algo muito tranquilo e íntimo. Nada é mais pessoal do que a satisfação que vem de você ser seu verdadeiro *self*. Estar aqui, agora pode não parecer grande coisa. Afinal, todo mundo existe. Mas nem todos alcançaram a compreensão de que a existência é a sua maior glória. O segredo, como em todos os melhores mistérios, está à vista de qualquer um. Há uma alegria indescritível em saber disso e agir de acordo.

PARTE QUATRO

A NOVA CIÊNCIA DA VIDA: RESPOSTAS QUÂNTICAS PARA VELHOS ENIGMAS

UM NOVO OLHAR

Nesta seção, nos aprofundaremos em como o corpo quântico se aplica ao futuro da medicina. Embora esse campo esteja se ampliando rapidamente, ele ainda está na infância. O campo quântico está no horizonte da matéria e da energia, incluindo os materiais que constituem uma célula e a energia que ela precisa para permanecer viva. Conceitos de ponta estão sendo testados, com as mais avançadas técnicas de coleta de dados, para determinar como o corpo humano funciona no nível mais refinado, muito mais refinado do que as células e as moléculas orgânicas. A revolução quântica na física tem bem mais de um século, mas ligar seus conceitos-chave à medicina era de interesse mínimo.

A medicina e a física ficaram separadas, primeiro porque ambas são muito especializadas. Um físico trabalhando em um acelerador de partículas de alta velocidade vê a Natureza através de lentes desconhecidas para um cirurgião cardíaco. O que tornou uma nova aliança possível foi a descoberta de que a doença e o envelhecimento devem ser investigados para além do genoma. O DNA desempenha um papel obscuro nos dois. Selados no núcleo de uma célula, seus genes estão protegidos de influências externas, ou assim se pensou durante décadas.

Agora sabemos que as escolhas de estilo de vida e as experiências quotidianas criam mudanças, não nos genes com que nascemos, mas na atividade genética em si. Gêmeos idênticos nascem com os mesmos genes, mas passam a vida tendo experiências diferentes. Aos 70 anos, o perfil genético dos gêmeos não é mais próximo do que o de quaisquer dois irmãos nascidos com seus genes familiares, mas não idênticos. Além disso, as experiências de vida podem ser transmitidas geneticamente às gerações futuras. Se seus tataravôs sofreram com a fome, os marcadores desse trauma provavelmente ficaram em seu epigene (a bainha de proteínas que envolve o DNA e governa a atividade genética) e foram transmitidos aos seus descendentes.

A noção de um genoma dinâmico que mantém um diário, por assim dizer, de todos os acontecimentos importantes da vida pelos quais o corpo passa abriu caminho para outras descobertas. Como observamos anteriormente, as pesquisas médicas passaram por um grande avanço na última década, quando foram isolados dois fatores que interseccionam quase todas as doenças graves: inflamação e estresse. A inflamação era conhecida há muito tempo como um processo paradoxal no corpo. Doenças e tecidos lesionados precisam de suprimento adicional de oxigênio e células imunológicas para curar aquilo que a resposta inflamatória gera. Mas, levada longe demais, como no caso de queimaduras graves, a inflamação pode levar ao choque e até à morte.

O estresse é mais evidente, pois sempre esteve associado a efeitos nocivos ao organismo e está ligado a diversos distúrbios, desde depressão e ansiedade a hipertensão e diminuição da imunidade. Mas um salto foi dado quando subitamente se percebeu que os culpados pelas doenças e pelo envelhecimento não eram os casos agudos e extremos de inflamação e estresse. Diferentemente, o que mais prejudica o corpo são a inflamação e o estresse de baixa intensidade e constantes, condições crônicas que causam danos em nível celular lentamente. Descobriu-se que o envelhecimento e as doenças crônicas começam quase que invisivelmente no nível celular, muito antes de qualquer sintoma aparecer, ao longo de anos ou, muito provavelmente, décadas.

A inflamação e o estresse são, portanto, um foco importante no mergulho profundo do qual o convidamos a participar nas páginas seguintes. Ambos estão entrelaçados em processos no nível quântico dentro de cada célula, e somente o pensamento no nível quântico pode nos levar até lá. Colocaremos a ciência na linguagem quotidiana, porque é crucial que todos, e não apenas os biólogos celulares e os físicos quânticos, compreendam a importância de cruzar esse novo limiar. O que temos pela frente é fascinante, mas ainda mais emocionante é a perspectiva de uma nova ciência da vida que desvendará os mistérios médicos que ainda nos confrontam.

O METABOLISMO QUÂNTICO É A CHAVE PARA AS DOENÇAS E O ENVELHECIMENTO?

Os avanços mais importantes na ciência exigem um novo modo de pensar, o que também se aplica aos avanços pessoais. No campo da ciência médica, novos tratamentos e estudos investigativos surgem a um ritmo desconcertante. Mas a possibilidade de uma grande mudança de pensamento é rara e o tipo de revolução conhecido como "mudança de paradigma", que repensa todo o modelo do corpo humano, é mais raro ainda.

É aqui que a física moderna entra em cena. No nível quântico, muito mais fundo do que a pesquisa médica tem explorado, existe uma troca de energia, que é amplamente classificada como metabolismo, da palavra grega *metabolē*, que significa "mudança". A mudança envolve a energia que cada célula precisa para se sustentar. Você pode imaginar que é simplesmente como alimentar uma fornalha com carvão, mas não é bem assim.

Existem muitos mistérios sobre o metabolismo que requerem uma explicação quântica.

- Como as células sabem de quanta energia necessitam?
- Como as células se comunicam para equilibrar suas necessidades energéticas e sincronizar-se umas com as outras?
- Qual é o segredo da complexa maquinaria molecular que regula tudo o que acontece em uma célula?
- Onde está o cronômetro ou o relógio que movimenta a energia em todas as fases do nosso corpo, desde o sono até a vigília e a atividade vigorosa?

Estas acabam por ser questões quânticas pela simples razão de que a química e a biologia não conseguem resolvê-las usando a consagrada metáfora do corpo-máquina. Na base das leis que regem a energia está a entropia, a tendência do calor de se deslocar de um local mais quente para outro, mais frio. A entropia é a razão pela qual uma mãe diz "Coma antes que esfrie" e pela qual todo o calor das estrelas está sendo constantemente dissipado no frio vazio do espaço, onde a temperatura é próxima do zero absoluto.

O maior mistério sobre a energia metabólica, contudo, é a entropia negativa, o estado em que o calor se acumula, em vez de se dissipar, e nisso, o corpo humano é um milagre. O metabolismo é um processo de renovação do fornecimento de energia de cada célula, não apenas compensando o calor que nosso corpo emite, mas também aprisionando a energia para ser utilizada. Isso acontece para nos manter aquecidos e também para realizar os maravilhosos processos por trás da audição, da visão e do pensamento.

Para lhe dar uma ideia do quanto a entropia negativa é milagrosa, considere algo tão simples como a velocidade da energia se movendo de um lugar mais quente para um mais frio. É isso que cria a flecha do tempo, que determina que o tempo avança e não pode ser revertido para que se mova para trás. Em um universo estático, a entropia pode ser tão lenta que a mudança ocorre muito gradualmente para criar a passagem do tempo. Nosso Universo é tão dinâmico que o tempo e a entropia estão intimamente ligados, o que também se aplica aos nossos corpos.

Na terminologia científica, "motores moleculares em nanoescala" impulsionam a transferência eficiente de energia em todas as células. A inflamação e o estresse podem distorcer a transferência de energia, fazendo com que ela prossiga mais lentamente que o normal; isso causa o calor e a vermelhidão na pele associados a uma ferida inflamada ou infecção. A resposta ao estresse crônico é a base fundamental para a amplificação de todos os estados de doença crônica. A depressão costuma estar mais enraizada na ansiedade gerada pelo estresse, por exemplo, junto aos processos degradados que causam doenças crônicas.

Em sua essência, a ansiedade e a depressão, que drenam enormemente a energia e a vitalidade da pessoa para o resto da vida, estão intrinsecamente ligadas. Em essência, elas conduzem à resposta do estresse crônico. Nessa perspectiva, as doenças crônicas são distúrbios metabólicos, qualquer que seja o diagnóstico médico específico (obesidade, diabetes tipo 2, hipertensão etc). Consequentemente, a resposta evolutiva de lutar ou fugir deixa de ser de curto prazo em emergências e passa a ser de longo prazo em nosso metabolismo.

O ponto principal é que a produção de energia biológica eficiente é prejudicada e se deteriora com o tempo em partes críticas da célula. Para uma saúde ideal, o fluxo de energia através das vias metabólicas deve ser transformado em trabalho útil de forma eficiente. Em outras palavras, todo o sistema processa energia de forma organizada, coerente e proposital. É exatamente o oposto de uma fogueira que aleatoriamente espalha calor em todas as direções, sem propósito.

A física, recorrendo a uma explicação mais técnica, diria que a inflamação é como o "desalinhamento dos sistemas físicos quânticos". Em termos leigos, os minúsculos motores quânticos que impulsionam o metabolismo devem permanecer ordenados e conectados. Os processos quânticos nivelam o campo para tudo, não apenas para nossas células, mas para centenas de relógios biológicos, milhares de reações químicas por segundo, ciclos hormonais e ciclos de vida dos microrganismos conhecidos como "microbioma". O cientista que ganhou recentemente o Prêmio Nobel pela descoberta dos relógios moleculares incorporados em todas as nossas células enfatiza a importância de se viver em harmonia com os ciclos circadianos da Terra. Eles sincronizam todos os minúsculos guardiões celulares do tempo.

Nesse ponto, surge um novo horizonte complexo, conhecido como "paisagem de aptidão". Em termos evolutivos, algumas espécies prosperam e evoluem, enquanto outras chegam a um beco sem saída, permanecem as mesmas ou são extintas. A teoria da evolução de Darwin dividiu isso em dois fatores: conseguir comida suficiente para sobreviver e encontrar um companheiro para reproduzir e dar continuidade à espécie.

Mas a biologia evolutiva moderna lida com aquilo que acontece no nível dos genes, porque, em última análise, a sobrevivência é um processo genético. Seus próprios genes são afetados por todas as experiências que você e seus antepassados já tiveram. O mesmo se aplica a todas as espécies, portanto, uma paisagem de aptidão tenta imaginar matematicamente todos os fatores que podem fazer mudanças nos genes ao longo do tempo.

Imagine um tigre-dentes-de-sabre sob estresse em seu ambiente e enfrentando essas tensões dentro da sua amplitude de controles e regulação metabólica. Se surge uma condição à qual os genes do tigre não conseguem se adaptar (conhecida tecnicamente como "ponto de bifurcação"), um desastre o aguarda. Em nossos corpos ocorre uma grande bifurcação entre ser saudável, e ser doente e envelhecer. Entre no campo do metabolismo quântico, que trata do nível mais sutil onde a energia é fornecida e usada por uma célula. Ele fornece o código de trânsito que os motores quânticos seguem e usando uma matemática elegante, é a razão pela qual as regras de transferência de energia são violadas quando surge uma ineficiência metabólica, levando à doença e ao envelhecimento.

Acontece que os parâmetros metabólicos mais importantes do corpo humano são os sistemas redox (em relação ao aumento e à queda das taxas de oxidação), a energia livre e o equilíbrio ácido-base. Esses fatores são mantidos em uma faixa fisiológica estreita em estados saudáveis. A deterioração da saúde para a doença envolve o estresse, que tira esses parâmetros metabólicos-chave dos seus estreitos limites de estabilidade. A deterioração pode começar de muitas maneiras – em algo tão básico, quimicamente falando, como as taxas de oxidação. Um pequeno desequilíbrio localizado pode, no fim das contas, derrubar todo o corpo, exemplificando o velho ditado "Por falta de um prego, o reino todo foi perdido".

O ponto comum nessa complexa linha de investigação é: a aptidão fisiológica diminui à medida que a energia é perdida pelo sistema. Isso resulta na degradação da estrutura e da função das células e do corpo como um todo. São mudanças de estado, não simplesmente processos lineares que se deslocam de A para B. Eventos específicos podem desencadear uma mudança de estado, tal como uma fratura na bacia de um idoso pode levar à morte, embora a fratura não seja considerada fatal por si só.

Os processos quânticos determinam, regulam e controlam as mudanças de estado, então compreendê-los nos permite prevenir doenças e o envelhecimento em um nível mais profundo. O envelhecimento em termos de sintomas é pessoal, único e imprevisível. Os processos quânticos não são. Uma fundação muito necessária é fornecida, semelhantemente à forma como o DNA e o mapeamento genético deram uma base para a evolução e a herança.

Como o estresse desencadeia a desordem em cascata através de moléculas, células, tecidos, órgãos e todo o corpo, o estresse é crítico na paisagem de aptidão que os seres humanos ocupam, junto a todas as outras criaturas vivas. A resposta ao estresse, quando vista tecnicamente, é uma medida que pode ser quantificada para a evolução da aptidão fisiológica de uma pessoa ou uma espécie.

Na fisiologia humana, mudanças imprevisíveis no curso de uma doença podem surgir devido a uma surpreendente complexidade de interações moleculares. Até a física moderna se vê desafiada por essa complexidade. Se quisermos alcançar o objetivo há muito acalentado de uma medicina verdadeiramente precisa, enormes quantidades de dados estão sendo acumulados pela genômica (o mapeamento dos genomas), pela metabolômica (o estudo de pequenas moléculas produzidas por processos de transformação de energia nas células) e pela proteômica (o estudo das proteínas em sistemas e órgãos), permitindo-nos usar computadores e inteligência artificial para esclarecer coisas essenciais que precisamos saber. O corpo humano está literalmente sendo reinventado diante dos nossos olhos. São necessários insights da física moderna para se concretizar todo o potencial dessa mudança de paradigma emergente. No entanto, sem dúvida, está avançando e acelerando a cada dia.

E SE ENVELHECER FOR UM ERRO?

Como ninguém quer envelhecer, há um tremendo incentivo para prevenir, desacelerar ou mesmo reverter o processo de envelhecimento. Mas todos esses esforços esbarram no mesmo obstáculo. Ninguém sabe realmente o que é o envelhecimento ou o que o causa precisamente. À primeira vista, esse enigma não deveria existir. O Universo está sujeito a uma entropia cada vez maior, o que faz com que tudo, incluindo o próprio Universo, se esgote como um brinquedo de criança cuja bateria acaba lentamente. A biologia concorda com o fato óbvio de que todos os seres vivos superiores envelhecem e morrem.

Mas a realidade muda dependendo do nosso ponto de vista, e um desses pontos de vista nos diz que o envelhecimento – especialmente o envelhecimento humano – pode ser um erro. Primeiro, precisamos contrariar a evidência de que os seres vivos devem envelhecer e morrer. Isso pode ser mais fácil do que você imagina. Aqui está um esboço do contra-argumento para o envelhecimento:

- A entropia se refere à dissipação de calor pela qual as coisas quentes esfriam. Mas essas são coisas inanimadas. A vida preserva e aumenta a energia. Vestir um casaco no inverno derrota efetivamente a entropia, e o mesmo aconteceu com todas as formas de vida por pelo menos 4 bilhões de anos.
- O Universo pode sofrer uma "morte térmica" à medida que se aproxima do zero absoluto, mas, enquanto isso, formas complexas continuam a surgir e a sobreviver. A força que as cria é a evolução.
- Único entre os seres vivos já descobertos, o *Homo sapiens* pode escolher conscientemente evoluir.

- Há muito tempo, o *Homo sapiens* escapou da prisão darwiniana da sobrevivência do mais apto, seguindo em toda direção que oferecesse mais complexidade, criatividade e descoberta.

Como você pode ver, esses são fatos fundamentais que podem ser usados para abordar o envelhecimento, tornando-o longe de ser algo inevitável. Uma antiga escritura indiana afirma: "As pessoas envelhecem e morrem porque veem outras pessoas envelhecerem e morrerem."

E se fosse literalmente verdade – que envelhecermos por sermos condicionados a envelhecer? A prova parcial vem do estilo de vida. Há duas gerações, ninguém levava a sério a prevenção de doenças cardíacas, a hipertensão, a recuperação de um acidente vascular cerebral e as vantagens de ter alimentos, água e ar puros. Agora, todas essas coisas são de conhecimento comum e a expectativa de vida continua a aumentar. Ainda mais importante, a extensão da saúde e bem-estar alcançou a velhice, e muitas pessoas nos países desenvolvidos conseguem alcançar algo desconhecido pela raça humana durante milhares de anos: bem-estar e saúde que duram a vida toda.

Até aqui, tudo bem – o campo antienvelhecimento tem alguns fatos científicos a nosso favor e provas de que o tempo de vida pode ser prolongado. Nem chegamos na noção de que as pessoas envelhecem e morrem porque veem outras pessoas envelhecerem e morrerem. Essa posição transforma o envelhecimento em uma falha de consciência pela qual velhos hábitos e condicionamentos bloqueiam a verdadeira consciência.

Seu estado de consciência influencia fundamentalmente em como e por que você envelhece. Veja alguns exemplos impressionantes:

- Pesquisas recentes indicam que as pessoas que sofrem de luto extremo são propensas a uma morte mais rápida.
- No nível celular, uma teoria do envelhecimento diz que os níveis de uma proteína conhecida como telomerase estão correlacionados ao tempo de vida de uma célula e à quantidade de DNA que se desgasta com o tempo. A pesquisa mostrou que mesmo um curto período de prática de meditação aumentou os níveis de telomerase em 40%.
- O estresse acelera o envelhecimento. Os cuidadores que passam o dia inteiro com pacientes com Alzheimer demonstraram uma tendência a encurtar seu tempo de vida em 5 a 8 anos.

São fatos esclarecedores, mas para enfrentar diretamente o envelhecimento, temos que ir mais fundo. Seu corpo está organizado em horários variados e complexos. Os biorritmos regulados pelos relógios biológicos abrangem desde uma escala de alguns milésimos de segundo nas reações químicas turbulentas em cada célula até uma vida inteira.

Quando os biorritmos ficam fora de sincronia, a entropia acelera e o envelhecimento acelera. Pode-se passar a vida inteira como pesquisador médico estudando apenas os hormônios, atores-chave no fluxo de todos os processos corporais, incluindo fome, sexo, humor, crescimento e sono. Mas na vida cotidiana podemos ir direto ao ponto. Os relógios biológicos são projetados para permanecerem sincronizados, a menos que haja interferência. O que interfere neles é o estresse, o sono de má qualidade, o excesso de trabalho e a superestimulação do sistema nervoso central causada pelo ruído constante, pela distração e pelas pressões cotidianas em casa e no trabalho.

Porém, para finalmente resolver o mistério do envelhecimento, precisamos investigar o próprio coração da Natureza. Ela coordena todos os níveis de matéria, energia, tempo e espaço. Esses parâmetros podem expandir e contrair porque a relatividade os governa e os conecta. A entropia está relacionada com a flecha do tempo porque os eventos no mundo macro ou maior não são reversíveis. Se você quebra um copo, a flecha do tempo diz que você não pode reverter o evento e tornar o copo inteiro novamente.

Contudo, à medida que você desce para níveis cada vez mais sutis da Natureza, a realidade se torna peculiar. As forças básicas da Natureza, como o eletromagnetismo e a gravidade, existem independentemente do tempo. Tempo reverso, tempo padrão e ausência de tempo são possíveis. De alguma forma surpreendente, totalmente fora do conhecimento atual, o mundo quântico do tempo reverso e da ausência de tempo combina perfeitamente com o mundo macro governado pela flecha do tempo.

Que força invisível poderia explicar isso? Não há força física conhecida. No entanto, um elemento da existência humana combina com a ausência de tempo, o tempo reverso e o tempo padrão: a consciência. Na memória, voltamos ao passado; na imaginação, voamos para o futuro. O tempo pesa e se move lentamente se você está deprimido; o tempo acelera e fica leve como uma pena quando você se apaixona.

Na meditação profunda, os iogues usam apenas a consciência para desacelerar radicalmente os processos corporais. Uma demonstração padrão dos poderes iogues envolve colocar um *sadhu*, ou homem santo, em uma caixa enterrada. Com nada além do ar na caixa para sustentá-lo, o iogue consegue diminuir a frequência cardíaca e a respiração a ponto de sair da caixa enterrada uma semana depois, perfeitamente vivo e saudável.

Chamemos esse exemplo de ponto zero do envelhecimento, pois está próximo do ponto zero da fisiologia. No nível quântico, há também um ponto zero no horizonte antes que o espaço, o tempo, a matéria e a energia surjam para criar o Universo conhecido. E se o ponto zero de um iogue e o ponto zero da Natureza forem iguais, ou pelo menos análogos? Houve um tempo em que a física nada sabia sobre o mundo quântico e, como resultado, uma série de cálculos davam errado ou não podiam ser feitos. Este é o ponto crucial do movimento antienvelhecimento de hoje. Na ausência do conhecimento que a ioga possui, fazemos cálculos errados sobre nossos corpos e passamos direto por cálculos que ainda precisam ser descobertos.

Todo modelo científico tem seus pontos cegos e, por muitas décadas, a consciência vem sendo o principal ponto cego da ciência dominante. Mas, como acabamos de discutir, a ciência é suficientemente ampla para fornecer um modelo que não só inclua a consciência, mas também a rastreie até o nível quântico da Natureza. É provável que o cérebro seja um dispositivo quântico que usamos de maneira muito desajeitada. É provável que a consciência superior nada mais seja do que um estado, em que o cérebro é chamado a modificar seu funcionamento de tal forma que forneça informação quântica a todas as células do corpo, sendo direcionado a partir do ponto zero da consciência, no qual o próprio tempo é controlado.

Há 100 anos, uma proposição dessas teria sido uma loucura. Há 50 anos, era a mais remota das possibilidades. Hoje, é uma probabilidade excitante, e a tendência das evidências está indo rápido na direção certa. Se o erro do envelhecimento algum dia for corrigido, este será o caminho que devemos seguir.

POR QUE SEU CORPO NÃO É PERFEITO?

De tudo o que a ciência nos diz sobre as partículas elementares, não há uma boa razão pela qual o corpo humano não deveria ser perfeito. O modelo científico constrói a Natureza a partir dos menores e mais simples componentes até os maiores e mais complexos. Não há dúvida que, na menor escala, as partículas, os átomos e as moléculas subatômicas são perfeitos porque resistiram sem alterações durante bilhões de anos.

Será que as imperfeições surgiram com o início da vida na Terra? Os microrganismos unicelulares são milhares, talvez milhões de vezes maiores e mais complexos do que as menores moléculas das quais são construídos. Mas as criaturas unicelulares sobreviveram por cerca de 3,5 bilhões de anos. Como se reproduzem por divisão celular, as formas mais antigas de amebas, algas, protistas e assim por diante ainda estão entre nós – literalmente, a primeira ameba nunca morreu ou envelheceu. As formas de vida com estruturas complexas constituem muito menos que 1% dos seres vivos; é provável que um balde de água do oceano contenha centenas de variações desconhecidas em seu DNA.

A imperfeição ganhou palco graças à mesma força que produziu a perfeição: a evolução. Sofremos de doenças, resistimos ao envelhecimento e tememos a morte, mas todos estes são passos criativos no que diz respeito à evolução, uma vez que a evolução triunfa através da máxima diversidade e de uma provisão infinita de novos genes que levam a melhorias e adaptações.

O que a evolução precisa não é necessariamente o que os humanos desejam. A partir do momento em que os primeiros hominídeos começaram a cuidar dos fracos, dos idosos e dos doentes (não que se saiba uma data específica), a nossa espécie desafiou a sobrevivência dos mais aptos. Agora, as pessoas modernas são os animais mais fracos durante nosso estado infantil, necessitando de uma longa infância e da adolescência para se desenvolver plenamente. Estamos equipados com corpos que demonstram uma eficiência incrível para permanecer vivos, mesmo que amebas e algas nos deixem para trás, mas as imperfeições grosseiras da doença, do envelhecimento e da morte seguem conosco.

Para ultrapassar esses obstáculos, o que será necessário? Uma ciência melhor, o estilo de vida mais saudável possível, medicamentos milagrosos de base genética? Nossa opinião é que esses são avanços importantes, mas não chegam ao cerne do problema. A questão é que a ciência não nos disse o que realmente é o corpo humano. Esboçaremos o que nossos corpos fazem que permanece um mistério e, em diversos casos, incompreensível.

- *Gerenciamento de energia.* Os seres vivos lutam contra a perda de energia, ou entropia, utilizando a energia armazenada nos alimentos. A energia bruta se torna diversificada em cada célula, sendo parte dela utilizada para construir proteínas, manter a estrutura rígida da célula, manter seus "ossos e músculos" intactos, reproduzir através da divisão celular, repelir invasores, eliminar resíduos e muito mais. Nenhum maquinário feito pelo homem é tão eficiente ou diversificado.
- *Equilíbrio.* O corpo humano está sujeito a muito mais estresse do que qualquer outro ser vivo, porque temos vidas repletas de barulho, acidentes, violência, pressões no trabalho e relacionamentos difíceis, ao mesmo tempo em que nos esforçamos para realizar proezas físicas extremas, como escalar montanhas e correr uma maratona. Face a essas tensões, nosso corpo só consegue suportar uma estreita faixa de temperatura – uma febre superior a dois ou três graus Celsius pode causar danos cerebrais permanentes ou morte. No entanto, de alguma forma, nossos corpos permanecem em equilíbrio dinâmico e podem regressar a um estado de repouso assim que o estresse externo é eliminado ou reduzido.
- *Coerência.* A capacidade de um sistema sincronizar com outro é essencial para a vida. Átomos, moléculas, células, tecidos e órgãos devem cooperar em uma única comunidade viva. Como eles fazem isso permanece um mistério total. A física pode introduzir a coerência quântica e os campos eletromagnéticos, mas estes são conceitos rudimentares quando se trata de criar e manter o corpo humano, ou mesmo uma única célula.

- *Assimetria*. Equilíbrio e coerência são totalmente necessários para os seres vivos, mas também significam o prenúncio de sua morte sem desequilíbrio e incoerência. A natureza improvisa com um processo conhecido pelos físicos como "quebra de simetria". Em vez de permanecerem equilibrados e intactos, os processos dinâmicos do corpo precisam de uma mistura perfeitamente regulada de criação e destruição. A forma como esses opostos coexistem permanece um mistério.

Para manter as coisas de forma mais simples, iremos parar por aqui. A vida é explorada por meio de outros modelos, como a teoria da informação, a termodinâmica e a biologia quântica, que avançam a cada ano. Mas, no fundo, a imperfeição não existe no plano físico ou mesmo no domínio da informação. Para começar, a raiz da imperfeição é um modelo imperfeito do corpo. Esboçaremos as falhas mais gritantes da seguinte forma:

- O *corpo-máquina*. O consenso científico é que o corpo humano é uma máquina incrivelmente complexa, ainda que não tenha nada de máquina. As máquinas não conseguem se curar, pensar, ter alterações de humor, sentir-se felizes ou tristes, e assim por diante. Todas as máquinas se desgastam com o tempo devido ao atrito e à entropia. Mas se você se exercita, seus músculos melhoram com o uso e as células se reparam por meio de processos autogerados, totalmente estranhos a uma máquina.
- O *corpo-coisa*. Sendo ainda mais básico do que o modelo do corpo como máquina, você chega à noção de que o corpo é um objeto físico que apresenta características comuns a rochas, montanhas e estrelas. No entanto, a natureza de coisa do corpo é minada pelo fato de nenhum dos seus materiais de base estar vivo e que ninguém sabe como a matéria inanimada aprendeu a viver, muito menos pensar, sentir e tornar-se autoconsciente.
- *Um milagre de complexidade*. Olhando para os 100 bilhões de neurônios e quatrilhões de conexões sinápticas do cérebro humano, certamente somos o produto da complexidade, a começar pela estrutura do DNA. Mas a complexidade não consegue explicar como a mente foi criada. Como alguém disse espirituosamente, relacionar a mente com substâncias bioquímicas complexas é como dizer que, se você adicionar mais cartas a um baralho, o baralho aprenderá a jogar pôquer.

- *Armazém de informações.* A atual moda da teoria da informação se baseia em duas coisas: primeiro, o fato óbvio de que os sistemas em todos os níveis da Natureza devem "lembrar" a informação neles codificada e, segundo, que a informação parece nos tirar do vínculo com as coisas físicas e sua incapacidade de estar vivas. A informação mantém o conhecimento intacto fora dos limites da fisicalidade. Ainda assim, a mente mais educada, com décadas de absorção de informação, não impede o corpo de adoecer, envelhecer e morrer.

Como todos esses modelos apresentam falhas fatais, qual modelo é o melhor? Um modelo que seja baseado na consciência. A mente não pode ser criada a partir dos detalhes básicos do universo físico. Somos seres conscientes antes de qualquer coisa. Portanto, por que não começar com a consciência como o ingrediente essencial, o fator X que explica como surgiram as nossas próprias vidas complexas? Quando a ciência começa a explorar a Natureza como um fluxo de inteligência criativa, muitos mistérios desaparecem da noite para o dia e novos horizontes se abrem. O fato de fronteiras já estarem sendo derrubadas é o sinal mais seguro que temos de que a imperfeição do corpo humano se revelará desnecessária e aberta à mudança.

UM NOVO ÂNGULO: A PAISAGEM DE APTIDÃO

Está bem estabelecido que as doenças dos idosos são condições crônicas, como diabetes tipo 2, hipertensão, doença arterial coronária e provavelmente a maioria dos cânceres, que começam a se desenvolver anos ou mesmo décadas antes do aparecimento dos sintomas.

Uma abordagem fragmentada, considerando um distúrbio de cada vez, não corresponde ao modo como o corpo funciona, que é como um campo – esse é o conceito básico por trás do corpo quântico. Mas podemos aproximar o campo da vida cotidiana sem usar nenhum jargão científico.

Começaremos com uma imagem visual. Visualize um vale cercado por montanhas. Você mora no vale, mas seu sustento (talvez você seja um lenhador ou um guarda florestal) o leva montanha acima e, quando seu trabalho termina, desce para retomar sua vida no vale.

Essa imagem forma a base da "paisagem de aptidão", como é conhecido o novo modelo. A paisagem consiste em um vale (seu estado normal de saúde), enquanto as montanhas são o estresse e os desafios que seu corpo suporta devido a doenças, traumas, ansiedade, depressão e envelhecimento. A promessa de saúde e bem-estar ao longo da vida reside em sua capacidade de escalar a "montanha" desses desafios e depois regressar ao "vale" da boa saúde normal.

Os mais jovens fazem essa viagem rapidamente, o que lhes confere um declive acentuado do vale à montanha, e o vale para onde regressam é o mesmo do qual partiram (em alguns modelos, a imagem visual da juventude sobe para vales cada vez mais altos, que representam os estados crescentes de bem-estar e saúde).

Mas, face ao envelhecimento, aos traumas, ao estresse e à doença, torna-se mais difícil escalar a montanha e regressar para casa, para o vale da mente e do corpo saudáveis. O tempo trabalha contra nós. Se você fizer pouco ou nenhum esforço para fazer a viagem, as coisas irão piorar. Como uma mola enfraquecida que se recusa a voltar ao mesmo ponto, exceto de forma lenta e fraca, a inércia (tanto física quanto mental) enfraquece sua resiliência. A recuperação fica mais difícil.

Há um segundo aspecto na paisagem de aptidão que traz outro insight. Quando você vai ao médico e mede vários sinais vitais, a leitura de seus testes faz um retrato de coisas como pressão arterial, frequência cardíaca, açúcar no sangue etc.. Um único teste é como tirar uma foto de um alvo em movimento. Sua pressão arterial hoje é apenas um ponto, quando o que você precisa são linhas em um mapa para mostrar para onde você está indo. Se a trajetória da sua pressão arterial, colesterol, oxigênio no sangue e assim por diante for conhecida, você conseguirá enxergar uma tendência, e a tendência é o que realmente importa, não os retratos.

A paisagem de aptidão vai além do uso normal da palavra "aptidão" em inglês, *fitness*, que transmite imagens das academias e de se manter em forma, com os músculos tonificados. Por mais benéfico que isso possa ser, estamos falando aqui de algo global. Todo o seu corpo-mente precisa estar em forma para que você possa facilmente fazer o esforço de subir a montanha com total confiança de que retornará ao vale de novo. O perigo é não conseguir voltar ao mesmo vale e cair em outro, criando para si uma nova linha de base. Nesse vale você se adapta a um novo normal que não pode ser facilmente revertido, como hipertensão crônica, depressão, ansiedade, obesidade ou déficits permanentes decorrentes de doenças e do envelhecimento.

Global tende a soar como algo abstrato e além da compreensão normal, então substituiremos o termo por *pessoal*. Seu estado de bem-estar e saúde não é nada senão pessoal, e isso está de acordo com a paisagem de aptidão de que estamos falando. Seu perfil de bem-estar e saúde abrange tudo, desde seu humor psicológico até sua satisfação no trabalho, sua saúde geral e seu histórico médico, seus relacionamentos e o período de vida em que está. A ciência médica não pode orientá-lo de maneira ideal por esses fatores interconectados, mas, de alguma forma, você precisa encontrar uma maneira de navegá-los com sucesso.

A melhor diretriz é provavelmente a resiliência. A resiliência, como uma mola forte que se recupera rapidamente, dá a você a capacidade de subir a montanha (seja ela ficar doente, passar por uma cirurgia, passar por um divórcio, ter um filho ou qualquer outro desafio que envolva estresse) e retornar ao vale como se fosse novo em folha. "Novo em folha" é surpreendentemente fácil na juventude, mais desafiador na meia-idade e um motivo para maior conscientização acima dos 65 anos, mas a questão é sempre a mesma: novo em folha é o seu padrão ou uma referência em qualquer idade.

Novo em folha é algo multidimensional. Amor, alegria, criatividade, empatia, compaixão, paz interior e autoestima não envelhecem. São novos em folha em qualquer época da vida. Portanto, eles devem ser o foco da sua resiliência. Se você for sempre criativo, sua paisagem de aptidão se beneficiará muito mais do que ir à academia e comer quinoa. Falando de forma mais ampla, a chave para todas as coisas que acabamos de mencionar é a consciência. A consciência é onde a resiliência maior reside – física, mental, emocional e em seus relacionamentos.

Está mais próximo do que você imagina o momento em que dispositivos que podem ser usados no corpo como relógios, bandanas ou mesmo anéis monitorarão os principais sinais vitais que indicam seu estado geral de saúde e resistência ao estresse, entre outras variáveis como frequência cardíaca e pressão arterial. Mas é sua responsabilidade permanecer resiliente em sua consciência, manter "o novo em folha" como seu objetivo de vida e fazer um esforço para escalar a montanha, confiante de que retornará para casa, para o vale. O novo modelo da paisagem de aptidão, baseado em motivações positivas em vez de riscos temerários, é empolgante o suficiente para abrir um novo futuro para qualquer um.

A NOTÁVEL IMPORTÂNCIA DA ZONA HABITÁVEL

Na busca pela vida em outros planetas, um conceito conhecido como "zona habitável" é fundamental. Esta é a região, não muito próxima de uma estrela, mas também não muito distante, que torna possível o desenvolvimento da vida. O fator crítico é o calor, uma vez que estar perto demais da estrela, como Mercúrio e Vênus estão no nosso sistema solar, é intoleravelmente quente, enquanto estar longe demais, como Saturno e Júpiter estão, é intoleravelmente frio. A zona habitável faz sentido, embora deva haver um fator de correção, já que planetas e luas grandes o suficiente podem gerar seu próprio calor.

Por mais simples que pareça, a zona habitável determina, de muitas maneiras, o quanto a vida de uma pessoa será bem-sucedida e, ao mesmo tempo, a probabilidade de desfrutar de bem-estar e saúde aos 70 anos ou mais. A zona habitável humana começa com nossa fisiologia. O corpo humano tem uma faixa de temperatura surpreendentemente estreita para sobreviver – é fatal ter febre acima de 40,50° C ou hipotermia abaixo de 35° C por um período prolongado. Nossa zona habitável em termos de temperatura interna é, portanto, de apenas 5,5° sC.

Mas seu corpo tem muitas zonas habitáveis sobrepostas. Por exemplo, pode ser fatal ficar sem água durante 3 dias, sem dormir durante 11 dias (o período mais longo que alguém permaneceu acordado – a privação do sono causa danos muito antes disso) e sem oxigênio no cérebro por 3 minutos. Depois, há nossas zonas habitáveis que se aplicam à psicologia. Se alguém é solitário, deprimido, ansioso, está de luto ou sob estresse para além de certo limite, há um ponto sem retorno que leva a uma condição crônica e os efeitos também podem se espalhar para o corpo – os cronicamente deprimidos, por exemplo, correm maior risco de ter doenças e morte prematura.

Por mais complexa que seja essa imagem – e mal tocamos na superfície – o bem-estar e a saúde ao longo da vida parecem depender de algo simples: permanecer dentro das nossas zonas habitáveis. Este pequeno conselho, na verdade, liga muitos fenômenos que são confirmados pela medicina, pela psicologia e pelas ciências sociais. Aqui vai uma lista parcial.

- A inflamação tem sido associada a uma vasta gama de doenças crônicas, incluindo hipertensão, doenças cardíacas e provavelmente câncer. É necessário apenas um baixo nível de inflamação crônica, nem mesmo perceptível para o paciente, para prejudicar a distribuição eficiente de calor do corpo. Começa, então, um efeito em cascata, levando a distúrbios celulares e, por fim, a sintomas de doenças.
- O estresse afeta todos os sistemas do corpo, bem como nossas emoções. A resposta ao estresse evoluiu para lidar com o estresse agudo que dura alguns minutos ou horas, mas uma resposta ao estresse de baixa intensidade desencadeado por pressões constantes no trabalho ou nos relacionamentos, por exemplo, inicia o lado negativo da resposta. Os primeiros sinais são psicológicos, geralmente começando com apatia e letargia, mas, com o tempo, se expandem para o físico, afetando praticamente tudo que é regulado pelos sistemas nervoso e endócrino (hormonal).
- Como parte da necessidade de sobrevivência da nossa espécie, laços sociais foram desenvolvidos, que são necessários para os grupos se querem obter comida suficiente, afastar predadores e controlar a ameaça de violência de possíveis invasores. A zona habitável, nesse caso, é o apoio e o vínculo. Se você está isolado, solitário e sem apoio social (principalmente de amigos próximos e familiares), suas chances de sucesso e bem-estar diminuem seriamente.

Essas zonas críticas estão interligadas, razão pela qual, por exemplo, alguém que tem poucos ou nenhum sistema de apoio na vida corre maior risco de sofrer um ataque cardíaco e ter uma recuperação mais lenta, ou mesmo de morte. É fascinante ver como os princípios básicos da física se aplicam a criaturas tão complexas como o *Homo sapiens*. Na física, as partículas subatômicas estão ligadas em um fenômeno conhecido como entrelaçamento quântico, enquanto os seres humanos têm corpos nos quais cada célula está entrelaçada (interconectada) com todas as outras, e nos envolvemos em relações que nos unem pelo enlace emocional.

A natureza é definida, de fato, como uma hierarquia de conexões, o que está de acordo com um antigo axioma da Índia que pode ser traduzido mais ou menos como "Tal como é o grande, assim é o pequeno. Tal como é o átomo, assim é o Universo." Da mesma forma, no Ocidente, o axioma hermético afirma: "O que está embaixo é como o que está em cima e o que está em cima é como o que está embaixo." Ameaçamos nossas vidas em todos os níveis ao nos aventurarmos longe demais das zonas habitáveis. O sono, a água e a temperatura corporal já foram mencionados, mas, para ampliar o quadro, precisamos recorrer à "teoria das janelas quebradas" da sociologia. Para perturbar uma vizinhança, diz a teoria, você só precisa de algumas janelas quebradas que não podem ser consertadas. A visão das pequenas rachaduras na coerência social leva a mais incoerência. A casa com as janelas quebradas está sujeita a vandalismo, por exemplo, enquanto o apelo geral de toda a vizinhança é ameaçado e os padrões de manutenção começam a desmoronar.

A validade da teoria das janelas quebradas é discutível quando se trata da sociedade, mas não quando se trata dos nossos corpos. Uma única célula maligna pode evoluir para um tumor, o tumor para um câncer com metástase e o câncer para um declínio fatal. De modo geral, no momento da morte, é provável que mais de 99% do seu DNA esteja funcionando normalmente. O colapso de apenas um único órgão ou sistema vital (como o coração ou o sistema respiratório) é fatal.

A lição mais simples da metáfora das janelas quebradas é, em primeiro lugar, não permitir que nenhuma janela se quebre. Em termos da existência cotidiana, a janela se quebra de maneiras misteriosas quando se trata de explicar por que uma única célula se torna maligna ou um revestimento arterial se rompe, levando à aterosclerose (enrijecimento das artérias). Doenças tão generalizadas como a diabetes tipo 1 e a hipertensão crônica também têm origens obscuras.

Mas os fatores mais essenciais parecem ser o sono de má qualidade, a inflamação e o estresse, lembrando sempre que estão interligados. Deve ser dada prioridade a um sono bom e profundo todas as noites, e à redução do estresse diário, que aparentemente é um desencadeador de processos inflamatórios no nível celular. Ironicamente, por mais sólidas que sejam as pesquisas sobre esses fatores de estilo de vida, um bom sono e a redução do estresse tendem a ser as últimas coisas às quais as pessoas realmente prestam atenção.

De forma mais ampla, depois de cuidar desses fatores, há o lado positivo de estar na zona habitável. Se você é emocionalmente resiliente, autossuficiente, motivado por um propósito maior na vida e se sente seguro no apoio que recebe e dá a outras pessoas, na verdade está respeitando uma zona habitável diferente em cada caso. Não há guia mais confiável do que honrar a nós mesmos e ao mesmo tempo dar suporte ao bem-estar dos outros quando se trata de alcançar saúde e bem-estar, sucesso e relacionamentos gratificantes para toda a vida.

POR QUE A CRIAÇÃO É IMPENSÁVEL?

Em ambas as cosmovisões – a védica e a quântica – o objetivo é o mesmo: explicar a criação. No entanto, alguns becos sem saída frustrantes ocorrem, independentemente da perspectiva que você adota. O cérebro humano ergue um muro que parece intransponível. A menos que o crânio seja aberto na aula de anatomia ou em uma cirurgia, nem saberíamos que temos um cérebro. Mas a cegueira do cérebro é muito mais profunda.

A regra mais básica ensinada aos estudantes de jornalismo se refere às cinco questões básicas. Uma notícia deve responder a cinco perguntas: Quem?, O quê?, Quando?, Onde? e Por quê?

Se um banco na rua principal for assaltado por três ladrões conhecidos no dia de Natal, as cinco respostas serão fáceis. Mas essas questões se revelaram quase impossíveis de serem respondidas quando se trata da realidade diária que todos vivemos. A física quântica desempenhou um papel importante na confusão do "Onde?" e do "Quando?" – no nível quântico, qualquer evento é apenas uma probabilidade que não tem limites definidos no tempo e no espaço. O campo quântico em si não tem localização – está em todos os lugares ao mesmo tempo.

"Quem?" não figura nos cálculos quânticos, porque o *self* não é quantificável em dados, e o procedimento científico usa dados. "Por quê?" também é dispensado, uma vez que a ciência trata do como da criação, e não do seu propósito ou significado. Isso nos deixa apenas com "O quê?", que na escola de jornalismo significa "O que aconteceu?" Aqui, pelo menos, a questão é clara e científica. O que aconteceu (e continua a acontecer) é o processo de criação, incluindo o Big Bang na maior escala e as partículas subatômicas na menor.

É frustrante para a ciência moderna que, das cinco perguntas, apenas uma possa ser respondida de forma clara e racional. A cosmovisão védica, entretanto, responde a todas as cinco. A essa altura chegamos ao ponto deste livro em que as respostas védicas não são mais incompreensíveis.

Sobre quem é a história? Seres humanos criando experiências conscientes.

O que aconteceu? A criação surgiu quando a consciência pura começou a se manifestar como uma experiência.

Quando aconteceu? Antes do tempo começar.

Onde aconteceu? Em um local onde o espaço foi criado.

Por que aconteceu? Porque criar está na natureza da consciência.

O problema frustrante nessas respostas não é que elas estejam erradas. Na verdade, elas se fundem com a física quântica, uma vez que a física permite a consciência no Universo. Corpo quântico e corpo causal são sinônimos, como vimos. O problema é que ambas as visões de mundo tentam descrever algo que é inconcebível. O cérebro humano não está à altura do desafio se usa o pensamento comum.

O pensamento acontece nas palavras (pelo menos quando se trata de questões científicas) e as palavras já nos falharam nas cinco questões, independentemente da visão de mundo que você prefere. Duas respostas são absurdas.

Quando aconteceu? Antes do tempo começar.

Isso não faz sentido porque *antes* é uma palavra baseada no tempo linear. O mundo cotidiano funciona com o tempo do relógio para medir o antes e o depois, mas de onde quer que o tempo venha, as coisas não funcionam dessa maneira. Caso contrário, seria apenas outra versão do tempo, não o seu criador.

Onde aconteceu? Em um local onde o espaço foi criado.

Essa resposta não faz sentido porque *onde* se aplica a lugares no espaço, não ao local onde o espaço em si foi criado.

Depois de descartar “Quando?” e “Onde?”, o cérebro humano é incapaz de processar essas questões. Afinal, ele opera no espaço-tempo. Tudo o que compõe o seu cérebro – principalmente água e alguns elementos básicos como carbono, hidrogênio, oxigênio e nitrogênio – está preso no espaço e no tempo. Eles não oferecem nenhuma rota de fuga para uma realidade que vai além do espaço e do tempo, que é onde começa a criação.

Em suma, o cérebro não tem a menor ideia a respeito do que trata a criação, embora transmita ideias criativas o tempo todo. De uma forma muito misteriosa, tudo o que você consegue conceber – o pensamento mais brilhante, a emoção mais profunda, a arte e a música das mais belas – vem de uma fonte que é inconcebível. É difícil trazer esse fato à realidade palpável. Um ou dois exemplos podem ajudar.

De Bach aos Beatles, um compositor trabalha com algumas notas apenas – contando os sustenidos e bemóis, há apenas doze notas em uma escala ocidental padrão. É incrível pensar que milhões de composições podem se basear em apenas doze notas, e ninguém consegue explicar como isso é feito. Os compositores não usam algoritmos matemáticos para criar música. Eles buscam o belo, e se uma melodia como "Let It Be" dos Beatles surge, milhões de ouvintes reconhecem imediatamente sua beleza. Ninguém pode dizer como funciona essa percepção compartilhada, mas se você virasse "Let It Be" de cabeça para baixo no suporte de partitura, os ouvintes saberiam de imediato que a beleza havia desaparecido, substituída por algo indiferente ou até mesmo feio.

É inconcebível compreender por que razão Mozart e a dupla Lennon-McCartney foram grandes melodistas, enquanto muitos compositores famosos como Beethoven não o foram. Você sabe que uma música é bonita quando ouve. Esse conhecimento existe na consciência. Não existe região no cérebro que detecte a beleza.

O cérebro faz muitas coisas que propõem o mesmo enigma. Possuir um córtex cerebral permitiu a você aprender aritmética e a Einstein formular a Teoria Geral da Relatividade. Mas temos o mesmo cérebro superior que os nossos antepassados pré-históricos tinham há 30 mil anos, e a aritmética não tinha qualquer utilidade para eles. Muito provavelmente eles não conseguiam nem contar os dedos das próprias mãos e pés. Em um pool genético, as habilidades não utilizadas morrem naturalmente. Ser capaz de fazer contas é uma habilidade que inverteu a regra, persistindo antes de ser necessária por milhares de anos. De onde vem a matemática em primeiro lugar? A única resposta razoável é a consciência.

Os gourmets se deliciam com o sabor das trufas negras e não há mistério na composição química desse fungo raro que os porcos farejam nas florestas de carvalhos francesas. Mas não há explicação para o que é gostoso e o que não é, ou mesmo por que alguma coisa tem gosto, em primeiro lugar. Os cinco sentidos vêm de um lugar inconcebível, assim como a memória, o amor, a verdade e outras qualidades que experimentamos e consideramos inerentes e certas.

É evidente que o processo criativo não revela seu mistério, mesmo quando se trata dos aspectos mais básicos. Empresas como a Microsoft e a Apple mantêm sua vantagem no mercado por meio da inovação criativa e apostam muito na criatividade das pessoas que contratam. Seria inestimável acelerar o processo criativo ou pelo menos descobrir quem é criativo e por quê. No entanto, depois de muito tempo, dinheiro e esforço, estudos sobre criatividade concluíram que a criatividade não pode ser acelerada ou transmitida àqueles que a princípio não são criativos. Tal como o cérebro que não sabe que existe, criamos sem saber como ou porquê.

No entanto, a natureza do inconcebível é muito mais profunda. Isso foi reconhecido por um artigo publicado na edição de janeiro de 2023 da revista *Scientific American* intitulado "O Universo não é localmente real". Chamar isso de "uma das descobertas mais perturbadoras do último meio século" pode ser subestimar o artigo, porque, olhando para além da linguagem da física quântica, o que a pesquisa pretende provar é que objetos "locais" (ou seja, físicos) não têm bordas e limites definidos, ou mesmo propriedades definidas. Eles adquirem essas propriedades, como peso, massa, localização etc. somente quando você passa a medi-los. Ou, para dar um passo adiante, os objetos ganham realidade ao serem percebidos.

Einstein era cético em relação à mecânica quântica porque ela levava à conclusão absurda de que a Lua (ou qualquer objeto físico) não existe até que você olhe para ela. Mas essa é a implicação que agora parece estar (quase) comprovada. Ver para crer, todos diremos, mas ver é na verdade criar, o que não faz sentido. Por que o fato de olhar para um objeto, que parece totalmente passivo, deveria criar suas propriedades? Por que medir o mesmo objeto, sem de forma alguma tocá-lo, criaria a propriedade que você está medindo?

O que diz respeito às partículas subatômicas também se aplica ao corpo quântico: ele também deve ser criado a partir de potencialidades e possibilidades. A criação começa em um campo de possibilidades infinitas e se desdobra em etapas até o mundo físico. O que torna seu corpo físico real é o fluxo de possibilidades em todos os níveis da criação. Você está no ponto central da criação, porque seu corpo é definido pela forma como você se relaciona com ele. Isso soa tão estranho quanto a noção da teoria quântica de que as ondas se transformam em partículas ao serem observadas. No entanto, mais uma vez, Heisenberg tem uma formulação clara da verdade: "O que observamos não é a natureza em si, mas a natureza exposta ao nosso método de questionamento."

No que se refere ao seu corpo, quando você era um bebê, pode ter acenado a mão diante dos olhos sem saber que ela lhe pertencia. Uma mão era apenas uma coisa pálida balançando no ar. Então você começou a fazer perguntas:

O que é esta coisa?

Isto pertence a mim?

Qual é a sensação de ter uma mão?

O que uma mão pode fazer?

A partir dessas questões básicas, infinitas possibilidades começaram a se revelar à medida que você aumentava sua consciência. Sua mão consegue preparar um suflê, tocar Bach no piano, pegar uma bola no ar ou bater um recorde jogando videogame? O potencial da mão é ilimitado, enquanto o potencial da mão de um primata superior, como um gorila ou um chimpanzé, não é, porque *você* consegue propor questões que exploram possibilidades infinitas. Sem você para vivenciá-la, uma mão ainda é apenas uma coisa pálida flutuando diante de seus olhos.

Se você tem um corpo apenas por vivenciá-lo, quem é o vivenciador? Essa questão nos leva de volta à mais misteriosa das cinco questões – Quem, ou seja, "Sobre quem é a história?" Encontre uma boa resposta e você encontrará a própria essência da criação. Se você já parou e se perguntou seriamente: "Quem sou eu?", fez algo que poucas pessoas fazem.

Agora, uma escolha profunda em relação a se libertar está à sua frente. Se você olhar bem longe, "Quem sou eu?" leva até a afirmação de Einstein de que nada é um milagre ou tudo o é. À primeira vista, não parece haver uma ligação entre esse "eu" e os milagres. Mas um milagre, definido de forma simples, é um evento sobrenatural. *Sobre* é o prefixo latino para "em cima" ou "acima". Essa é precisamente a questão do mistério do "eu". Será que ele nos direciona a algo acima ou além da Natureza?

Não se pode ir além da Natureza usando o pensamento racional, porque o cérebro está preso aos limites do espaço e do tempo. Mas você pode transcender a Natureza bruta, o que significa que pode determinar o nível de consciência onde sua atenção está focada. Potencial não é o mesmo que realização, portanto, é possível possuir o potencial para alcançar uma consciência superior e ainda assim dar as costas para ela. É a coisa mais fácil do mundo permanecer ignorante sobre o seu status de ser cosmico. Veja como você faz isso:

Pense da mesma maneira como todo mundo pensa.

Siga velhos hábitos e condicionamentos.

Aceite as crenças coletivas da sociedade.

Conforme-se para permanecer seguro.

Apegue-se à sua história como sua identidade.

Proteja sua autoimagem.

Tente ser o número um em tudo.

Uma vez que você enxergar a situação pelo que ela é, estará no limiar da solução, que reside no axioma "Elimine suas ilusões e o que restar será real". Ao contrário de tudo que você aceitou sobre o seu *self* cotidiano, você já é sobrenatural, o que significa que seu corpo quântico transcende o mundo físico. Não requer nenhuma luta, jornada, busca ou grande desafio. No minuto em que você enxerga a forma como a ilusão funciona, ela começa a se dissipar.

Apesar das nossas falhas e dos nossos pontos cegos, o destino que os seres humanos deveriam buscar – quando considerado ao longo dos séculos – é ir cada vez mais fundo na nossa própria natureza. O fato de podermos usar a química, a física, a matemática e a tecnologia para chegar lá mostra o quão abrangentes essas ferramentas se tornaram. Quando você enxergar sua verdadeira fonte na consciência, os rishis terão feito o seu trabalho. Você chegou onde a verdadeira criatividade começa. As perguntas sobre quem, o quê, onde, quando e por quê são respondidas: todos são você.

COMO ESCREVER SUAS MEMÓRIAS NO AR

As memórias são apreciadas ou temidas, dependendo se foram boas ou más, por isso faz sentido ter o máximo de experiências felizes possível. Podemos chamar isso de um bom conselho psicológico, mas a espiritualidade é diferente. Da antiga tradição indiana vem um ditado: "As primeiras experiências são escritas na pedra, depois na areia, depois na água e, finalmente, no ar."

Nessa frase está encapsulado o caminho para a iluminação, assim que você desvenda o que ela significa. Ela diz respeito à capacidade das experiências permanecerem conosco como memórias. Se uma memória é tão forte que causa uma impressão profunda e duradoura, ela é como palavras gravadas na rocha. Para encontrar a liberdade, para viver o momento presente, você não pode ficar preso ao passado, que é o que fazem as memórias fortes, pegajosas e teimosas. Portanto, o caminho espiritual não consiste em ter o máximo possível de lembranças positivas. É mais uma questão sobre se as suas memórias estão lhe prendendo, ofuscando o presente com fantasmas do passado.

O passado é uma ilusão mental criada por memórias. O momento presente está livre do passado e, à medida que vivemos cada vez mais o momento, suas memórias perdem a força. Como diz o axioma indiano, elas não estão mais gravadas na pedra, mas são como escrever na areia, depois na água e, finalmente, no ar. Se essa sequência soa como algo misterioso, é principalmente porque a ciência ocidental moderna ainda não resolveu o mistério da memória.

Em termos funcionais, a memória é a capacidade de registrar, armazenar e recuperar informações. Usando essa definição, um ímã "se lembra" de manter sua orientação, um elástico se lembra de voltar à sua forma depois de ser esticado, uma célula cardíaca se lembra de como pulsar e os computadores se lembram de qualquer coisa que possa ser codificada digitalmente em bits que consistam em 1s e 0s. Mas a memória humana, embora se assemelhe a todas essas coisas, é tão misteriosa que nunca foi concebida uma explicação para ela.

O mistério da memória humana só será resolvido quando dois outros mistérios - o tempo e o *self* - forem resolvidos. Quando Einstein revolucionou a física ao introduzir a relatividade, o tempo se tornou flexível; as teorias modernas seguiram em frente e tornaram o tempo também reversível. No entanto, a experiência humana já havia feito ambas as coisas e muito mais. Na memória, trazemos o passado de volta em uma espécie de viagem mental no tempo que inverte o tempo do relógio, que sempre avança para frente.

Mas isso fornece uma pista importante sobre os enganos criados pela memória, porque nenhuma viagem ao passado está realmente acontecendo. As memórias ocorrem no presente. Em termos de fisiologia, deve ser assim porque todas as células, incluindo os neurônios nos centros de memória do cérebro, operam apenas no presente. Recuperamos uma memória ativando uma impressão armazenada - ninguém sabe como funciona a recordação, mas ninguém duvida que ela exista - e, quando ativada, uma impressão do passado traz consigo não apenas simples informações brutas, mas imagens visuais, cargas emocionais e nuanças altamente pessoais. É por isso que não há dois membros da mesma família que tenham as mesmas lembranças de como foram criados. A tela da memória projeta filmes diferentes para cada um.

O fato de as memórias serem individuais é óbvio, mas o porquê disso permanece um mistério. De alguma forma, devemos levar em conta o segundo elemento humano, o *self*. O *self* é peculiar porque é feito de memórias, mas também as cria. Se você pega todos os rótulos que definem sua identidade, como raça, gênero, idioma, profissão etc., isso é um acúmulo de memória. Se você perdesse essas etiquetas, sofreria de amnésia grave ou começaria a se identificar com a testemunha (Capítulo 13) que observa silenciosamente toda atividade mental? Ninguém sabe.

As memórias fora do cérebro abrem especulações em diversas frentes. Um clássico projeto de pesquisa iniciado em 1961 na Universidade da Virgínia, sob a direção do falecido psiquiatra Ian Stevenson, descobriu centenas de casos de crianças pequenas que se lembram de vidas passadas e cujos relatos foram autenticados - normalmente a memória é de uma morte violenta ou traumática (em 2007, a última atualização, o número de casos havia subido para mais de 2.500, o que implica que recordar uma vida passada é um fenômeno muito mais comum do que a crença convencional pode indicar). Ser capaz de cruzar a fronteira que separa a vida e a morte implica que existe um *self* que transcende uma única vida, e não se importa com os limites do tempo.

Por um lado, a memória humana nos liberta das limitações do relógio e do calendário. Nossas mentes são capazes de viajar livremente através do continuum espaço-tempo multidimensional, incluindo por vislumbres do futuro. Por outro lado, a memória nos aprisiona na ilusão e na confusão. À medida que envelhecemos e ganhamos uma perspectiva de tempo mais longa, as fronteiras entre passado, presente e futuro se tornam cada vez mais borradas e os acontecimentos que ocorreram há décadas parecem ter acontecido ontem. Mais severamente, pensa-se agora que as perturbações mentais, como a ansiedade e a depressão, são comportamentos pelo menos parcialmente aprendidos que continuam a regressar porque não conseguimos nos esquecer deles.

Esse esboço mal toca no mistério da memória humana, mas deixa claro o quanto toda a área dela é instável, inconstante, transitória, pouco confiável e complicada. Isso nos traz de volta à noção de escrever memórias no ar, isto é, escapar dos problemas causados pela memória. Se pudesse fazer isso, aconteceria o seguinte:

Você não seria mais ferido por lembranças dolorosas.

Você viveria no presente.

Você não estaria sujeito às distorções e às ilusões da memória.

Sua consciência seria uma tela em branco.

Você não estaria fixado na história que vive desde que nasceu.

Você experimentaria a leveza do ser.

A razão pela qual essas coisas não acontecem é o funcionamento da memória. O fardo do passado está emaranhado em tudo que você chama de "eu e meu". Para se livrar desse fardo, você não pode esperar a ajuda da sua personalidade egoica, porque ela é totalmente uma criação da memória e, portanto, se apega ao passado com uma teimosia tenaz. A única resposta é transcender a memória, que é o que significa "escrever no ar". Você não se alinha à sua personalidade egoica, que é pesada e o arrasta para baixo, mas a algo muito mais simples e básico, algo leve: o seu senso de *self*, seu eu superior.

Sua percepção do *self* não é afetada pelo tempo. É a simples experiência do "eu sou", que sempre esteve com você. A frase "Eu sou" acaba sendo preenchida com "eu sou X" ou "eu sou Y", mas isso não precisa acontecer. Além de eu estou com fome, eu sou inteligente, eu sou homem, eu sou músico, ou qualquer frase que comece com "eu sou", existe o "eu sou" por si. Quando você se alinha com o fato de que você existe e tem consciência de existir, tudo muda. A memória funcional continua a funcionar – seu corpo e seu cérebro não se esquecem do que deveriam estar fazendo.

Mas a memória pessoal perde sua força. Isso acontece porque "eu sou" é a porta de entrada para a consciência pura, que é a sua verdadeira fonte. Dessa fonte fluem inteligência, criatividade, amor, compaixão, percepção e felicidade. Esses são os valores mais elevados da vida e merecemos acessá-los sem a interferência da memória. Nenhum desses valores precisa ser aprendido e lembrado. Eles são inatos; você foi projetado para vivenciá-los em primeira mão. Essa é a grande promessa de "escrever no ar", que é como nossas memórias deveriam ser escritas.

QUEM ESTÁ NO COMANDO?

Um dos grandes mistérios da vida cotidiana é que é muito mais fácil permanecer vivo do que tornar-se vivo em primeiro lugar. Há uma cascata de processos dentro de nós que é perfeitamente sincronizada – um corpo permanece vivo enquanto seus órgãos estão vivos, os órgãos permanecem vivos enquanto seus tecidos estão vivos e os tecidos permanecem vivos enquanto suas células estão vivas. Essa cascata é compreendida há séculos, mas ninguém sabe por que as células estão vivas, para começar. Elas não merecem, porque as abundantes reações químicas dentro de célula do coração, do fígado ou do cérebro podem ser facilmente reproduzidas em um tubo de ensaio sem apresentar quaisquer sinais de vida.

Como discutimos anteriormente, a ciência se sente muito mais confortável em perguntar "como" do que "por quê", e se investigarmos como as células funcionam, podem ser tiradas conclusões claras sobre os processos microscópicos dentro delas, analisados com ferramentas bioquímicas. O fator comum é que 99% da biologia se concentra no "como" dos seres vivos. A pergunta incômoda do "por quê?" é ignorada como sendo basicamente não científica. Infelizmente, não existe "como" sem "por quê". Se dois carros colidem, a física de uma máquina batendo na outra é clara, mas para realmente explicar o que aconteceu, você deve determinar se um dos motoristas se distraiu com um telefonema, estava bêbado ou qualquer outra coisa.

O quociente humano é crucial em tudo o que fazemos, mas, de alguma forma, também se aplica às células. Considere as necessidades de se estar vivo em um corpo. As células devem cooperar e se comunicar umas com as outras; elas têm que viver juntas em paz e colocar o bem-estar de todo o corpo à frente do seu bem-estar pessoal. Isso é evidente pela forma como as células estão dispostas a morrer quando sua utilidade chega ao fim – as células cancerígenas malignas, por outro lado, multiplicam-se freneticamente para evitar a morte e, no entanto, no final, elas e todo o corpo perecem.

Considere todas as qualidades humanas que as células exibem – a lista também inclui repelir invasores, diferenciar amigo de inimigo no nível dos microrganismos e muito, muito mais – e o que você vê é uma inteligência amplamente coordenada. Longe de ser inferior ao QI humano, a inteligência do corpo ultrapassa a capacidade da medicina moderna de explicá-lo completamente. Portanto, é plausível dizer que o mistério da vida se resume ao surgimento da inteligência onde anteriormente apenas a química nua governava a Terra primitiva.

Essa onda de inteligência não poderia ter surgido do nada. A busca por suas raízes não pode parar na química. As explorações avançadas mais recentes atingiram um nível mais sutil da Natureza – o campo quântico –, dando origem à biologia quântica. Se você quiser saber quem está "no comando" para manter a vida funcionando, o campo quântico pode ter a resposta.

Estranhamente, esse mergulho mais profundo é ao mesmo tempo lógico e absurdo. É lógico, porque a ciência opera pelo método reducionista, reduzindo todos os fenômenos ao seu menor constituinte fundamental. E o lado absurdo surge porque um quantum pode ser bilhões de vezes menor que uma molécula orgânica, como as proteínas que executam as operações básicas dentro de uma célula. Lidar com o universo quântico nos leva para mais longe da imagem cotidiana da vida, e não para mais perto.

No entanto, as aparências enganam. O segredo da vida não é pequeno; é invisível, porque a inteligência é invisível. A promessa da biologia quântica é testemunhar comportamentos no nível mais refinado da Natureza que pareçam inteligentes. Se examinarmos a forma como a biologia quântica aplica os princípios da física quântica aos seres vivos, a cascata de vida dentro dos nossos corpos se torna consistente e contínua, revelando o quanto a vida realmente é holística.

Um dos paralelos mais impressionantes entre o mundo quântico e o mundo macro é conhecido como "superposição", que desafia a noção comum de que nada pode estar em dois lugares ao mesmo tempo. Porém, de uma perspectiva quântica, existem estados em que as biomoléculas estão em superposições, o que significa que dois ou mais estados podem coexistir ao mesmo tempo no mesmo lugar – o célebre gato de Schrödinger é um exemplo, um paradoxo em que o gato está morto e vivo ao mesmo tempo (não um gato de verdade, é um experimento mental).

Da mesma forma, duas partículas subatômicas separadas por qualquer quantidade de espaço podem de alguma forma saber o que está acontecendo uma com a outra instantaneamente, enviando mensagens mais rápido que a velocidade da luz. A biologia quântica poderia, assim, explicar como as células cerebrais, em diferentes locais, aparentemente se coordenam sem enviar sinais elétricos ou químicos umas às outras.

Outros exemplos de processos quânticos na biologia incluem a navegação de aves migratórias, que parece envolver a detecção de pequenas mudanças no campo magnético da Terra, e a forma como os nossos sentidos funcionam: a visão é possível porque a retina consegue capturar fótons, que são pacotes quânticos de energia luminosa. Na verdade, está fazendo cada vez mais sentido ver todo o cérebro humano como um detector quântico.

No entanto, as medições quânticas ainda não são adequadas para explicar a vida. Dentro de uma célula, a vida emprega bilhões de relações entre milhares de tipos de proteínas, em comparação com cerca de uma centena de tipos de partículas da física quântica. E à medida que se torna óbvio que a ciência deva explicar como surgiu a consciência, as explicações da física esbarram no problema de que um pensamento, um sentimento ou uma sensação não são físicos. As contestações de que tudo deve ter uma explicação física, que é a visão de mundo básica da ciência dominante, contrariam o fato de que ninguém consegue apontar um quantum, um átomo ou uma molécula que pensa.

É por isso que o quadro deve ser invertido. Não é verdade que a matéria criou a mente, mas pode ser verdade que a mente tenha criado a matéria. Com cada pensamento que você tem, você gera novas substâncias químicas no nível das sinapses em seu cérebro e, se sentir medo, poderá desencadear uma cascata de hormônios do estresse que precisam do seu medo para serem criados. Do ponto de vista da consciência, existe inteligência criativa em todos os níveis da Natureza. Cada sistema na Natureza – desde um quantum, passando por átomos, moléculas, células, tecidos, órgãos e, finalmente, chegando ao corpo e ao cérebro humanos – é capaz de cuidar de si mesmo.

Ou seja, é auto-organizador, automantido, está em contato com os sistemas acima e abaixo de si em complexidade, e está sincronizado com todo o "sistema de sistemas" que é o corpo humano (e o Universo). Estar no comando é a essência dos sistemas vivos em todos os níveis. O avanço da biologia quântica tem a vantagem de mostrar que o comportamento vivo permeia a criação. Como foi observado anteriormente, o que costumava ser chamado de "a Grande Cadeia do Ser", que os teólogos cristãos atribuíram à deidade, é agora a grande cadeia da consciência. Sem deificá-la, podemos adotá-la como a melhor explicação para por que, e não apenas como, a vida existe.

E SE TUDO ESTIVER VIVO?

Um dos grandes fracassos da ciência ainda nos assombra: descobrir por que os seres vivos estão vivos. Uma das teorias mais promissoras era conhecida como "vitalismo", que sustentava que alguma "força vital" ou "centelha de vida" não descoberta separa coisas vivas como árvores, gatos e amebas de coisas inanimadas como pedras, água e sal. O vitalismo já foi tão promissor que o Prêmio Nobel foi concedido a um defensor da teoria, o filósofo francês Henri Bergson, em 1927. Mas o prêmio foi na literatura, já que ninguém, por mais apaixonado pelo vitalismo que fosse, conseguiu fornecer evidências científicas de qualquer tipo de força vital.

Houve uma virada decisiva que favoreceu o oposto do vitalismo, conhecido como "funcionalismo", que divide a vida em processos físicos como metabolismo, crescimento, reprodução, adaptação, evolução e extinção. É onde nos encontramos hoje, o que representa um enorme problema. Vitalismo e funcionalismo são opostos, o que implica que no jogo de "um ou outro", se um é falso, o outro deve ser verdadeiro. Mas, infelizmente, o funcionalismo também não explica a vida. Explica como a vida se comporta, o que não é a mesma coisa.

Por que não? O comportamento se resume à química e à física na visão de mundo do funcionalismo, mas as "coisas" físicas da criação obedecem a leis tão rudimentares que têm pouquíssima influência sobre os seres vivos: imagine tentar explicar a Torre Eiffel em termos do comportamento dos átomos de ferro que a constituem. É verdade que a Torre Eiffel é feita inteiramente de ferro, mas o mesmo se aplica a um pedaço de minério de ferro enterrado na crosta terrestre. Um átomo de ferro deve passar por vários estágios antes de se transformar em um edifício. É fatal para o funcionalismo que a grande maioria desses estágios envolva a mente e a mente não tenha explicação física.

Por enquanto, aceitamos que esta última afirmação é verdadeira. Gritos de protesto serão levantados contra ela por parte dos materialistas, que nunca abandonarão a noção de que a mente, ou a consciência, tem que ter uma base física. Esse "tem que" é semelhante à noção, se você é religioso, de que Deus tem que existir. Em ambos os casos, "tem que" vem antes da prova do fato. As leis da Natureza que regem a física e a química funcionam perfeitamente, mas a criação da vida não decorre delas. A vida quebra a regra fundamental de que dois átomos ou moléculas que se juntam sempre se comportarão da mesma maneira ordenada. É como uma mãe que insiste que seus filhos são perfeitos, mesmo que eles se comportem mal o tempo todo.

A natureza fez um trabalho fantástico ao se comportar mal, particularmente quando se trata da criação da mente ou da consciência. Nada físico poderia ter previsto isso. A química e a física veem a Natureza como atividade turbulenta e aleatória. Um gerador de números aleatórios nunca poderia produzir a beleza da equação de Einstein, $E = mc^2$. Ou, se pudesse, o processo levaria tanto tempo quanto os lendários macacos que supostamente poderiam escrever todas as peças de Shakespeare pressionando aleatoriamente as teclas de uma máquina de escrever durante milhões de anos. Foi assim que surgiu a desconcertante contradição entre ordem e caos no Universo. Obviamente, eles coexistem, mas ninguém consegue explicar por que um átomo ou uma molécula se torna parte de uma estrutura complexa como o cérebro humano, enquanto exatamente o mesmo tipo de átomo ou molécula flutua sem rumo e de forma aleatória.

O resultado é que o vitalismo e o funcionalismo parecem estar errados de maneiras diferentes. O vitalismo reconhece o significado da vida sem base física. O funcionalismo descreve o comportamento dos seres vivos sem explicar por que eles ocorrem.

No momento atual, com o funcionalismo em ascensão, o meio de salvá-lo como um modelo viável se tornou a via quântica. Ao contrário do rígido conceito de causa e efeito dos átomos e das moléculas, os quanta são definidos por princípios como incerteza, ação à distância, alternância entre equilíbrio (coerência quântica) e desequilíbrio (incoerência quântica), e entrelaçamento (os laços invisíveis entre as partículas subatômicas), que trazem novas imperfeições e abrem novas portas. A vasta ordem do corpo humano envolve uma auto-organização perfeita, em todos os níveis. Embora a física da criação antes da revolução quântica almejasse criar ordem a partir do caos (que permanece como um mistério total), a física quântica pode encontrar ordem no nível mais básico da Natureza.

Parece um grande passo à frente ver a criação como "ordem vinda da ordem", em vez de "ordem vinda do caos". Mas, e a mente? No final das contas, não importa o quão perfeitamente as mínimas partes de matéria se comportam, se você não pode mostrar como elas aprenderam a pensar. Esse é o beco sem saída que condena o funcionalismo, embora seja provável que haja avanços em novos campos como a psicologia quântica, dado que o cérebro humano apresenta algumas funções quânticas básicas.

Mas em vez de resgatar o funcionalismo, há outro caminho. O que impressionou a geração dos pioneiros quânticos há mais de um século foi como o comportamento dos quanta imitava a vida. As partículas subatômicas parecem sair de um estado de incerteza decidindo o que fazer a seguir. Vendo todo o aparato da criação, alguns físicos começaram a se perguntar se o Universo não é muito mais como uma grande mente do que uma grande máquina. Leve esse insight um passo adiante. Em vez de as partículas quânticas imitarem a vida, e se elas estiverem realmente vivas?

Um aspecto dessa conjectura já está se tornando moda na noção de "pampsiquismo", que sustenta que a criação contém consciência, ou uma protoconsciência, como uma propriedade fundamental como a gravidade. O pampsiquismo surgiu para resgatar a física do dilema de não ser capaz de explicar a consciência. Em vez de explicá-la, o pampsiquismo simplesmente diz que a consciência sempre existiu. Isso é um insight ou uma estratégia inteligente?

Ninguém pode realmente chegar a um consenso em resposta a isso. O problema ecoa o antigo problema do vitalismo – que não se consegue encontrar uma base física para a força vital. E se não for necessário? O próximo passo para explicar as origens da vida envolve desistir dos caminhos errados de exploração.

Em última análise, estamos falando de um universo humano vivo. É muito estranho postular que o DNA humano e o cérebro humano surgiram a partir de processos aleatórios como em um incrível lance de dados improvável. Mesmo que existam bilhões de sistemas solares em outras partes do cosmos que contenham planetas capazes de gerar substâncias químicas orgânicas adequadas para evoluir e se tornarem criaturas vivas, isso não nos servirá de nada se sua explicação sobre a vida for mortalmente falha. A origem da vida em um universo humano pertence à própria vida. Tomemos dois atributos da existência humana – criatividade e inteligência – e não há nível de criação que não os reflita.

Se isso for verdade, então, em vez de olhar para uma criação morta que evoluiu para se tornar viva, o Universo se torna a própria vida, evoluindo através da criatividade e da inteligência, produzindo toda a variedade de seres vivos. Uma teoria assim muda tudo, mas por que não? Ignorá-la, como faz a ciência moderna agora, produziu respostas tentadoramente próximas, mas nenhuma resposta real.

"VOCÊ É AQUILO QUE COME" DEVERIA SER "VOCÊ É AQUILO QUE COMEU"

Vem acontecendo descobertas empolgantes sobre o microbioma, que levaram a uma mudança radical na forma como ver o corpo humano. *Microbioma* é um novo nome para algo há muito conhecido – as abundantes colônias de bactérias e fungos que existem por todo o corpo. Precisamos desses microrganismos para digerir os alimentos, mas a existência da chamada "flora intestinal" também não é novidade. Então, por que o microbioma se tornou algo tão interessante?

A maior razão pode ser resumida na frase "O microbioma somos nós". Em vez de serem invasores ou caroneiros microscópicos, o microbioma representa a continuidade da própria vida. O DNA microbiano está entrelaçado ao DNA humano, o que imediatamente nos diz que, longe de serem germes inimigos, milhares de espécies de bactérias, vírus e fungos trouxeram aos nossos antepassados as novidades do mundo no que se refere à evolução da vida. Uma nuvem de DNA se move dentro, ao redor e através de todos os seres vivos.

Nos museus de história natural, nossos antepassados hominídeos parecem pequenos e primitivos, mas existe uma ligação invisível que nos liga a eles – o microbioma. Existem outros microbiomas na boca, na pele, nas axilas e na virilha, mas nos limitaremos ao microbioma intestinal, uma vez que é incrivelmente complexo, contendo cerca de 2 mil espécies de micróbios, e é algo que nos é vivificante.

Tentar compreender o que se passa no processo digestório é como tentar desenhar contornos nítidos em uma nuvem, porque o microbioma de cada pessoa está em constante mudança. De um dia para outro, a população exata é diferente.

Isto também faz com que um microbioma ideal seja algo muito difícil de definir. Mas o que nossos ancestrais comiam define o que você come hoje. "Você é aquilo que comeu" também conta a história da sua vida hoje, porque a parceria, ou a simbiose, entre os micróbios e o resto do corpo começa no nascimento.

Daquele momento para frente, o microbioma intestinal esteve profundamente envolvido nas seguintes questões: a força do seu sistema imunológico, suas alergias ou a falta delas, o estado da inflamação no seu corpo (a inflamação, como mencionado anteriormente, é agora suspeita de ser o principal culpado, juntamente com o estresse, na maioria dos distúrbios crônicos, senão em todos), seu apetite e digestão, e até mesmo suas emoções, já que existe um caminho direto no sistema nervoso, chamado eixo intestino-cérebro, entre o cérebro, o trato digestivo e os principais nervos que transportam informações sobre respiração, frequência cardíaca e percepção do mundo exterior.

Nesse momento, talvez o que exista seja mais um conjunto de pistas do que uma compreensão sólida sobre o microbioma. A popularidade emergente dos prebióticos e dos probióticos, por exemplo, parece ser uma coisa boa, mas baseia-se em uma ciência inconsistente. Engolir milhões de micróbios em uma pílula mal afeta os trilhões que residem em seu trato digestivo. Porém, certas descobertas são atordoantes.

Uma tendência importante não está seguindo em nossa direção. Nas últimas décadas, os padrões alimentares na América do Norte e em outros locais sofreram grandes mudanças, com um aumento da quantidade de carne vermelha, alimentos ricos em gordura e açúcares refinados. Essa "ocidentalização" das dietas, aliada a um estilo de vida sedentário, resultou em modificações no microbioma intestinal, o que pode contribuir parcialmente para uma maior incidência de problemas inflamatórios, como doenças cardíacas, obesidade, doença intestinal inflamatória e até depressão.

Ação sugerida: promova aquilo que o microbioma de qualquer um prefere, uma dieta baseada em alimentos integrais; uma ampla variedade de fibras (o alimento do microbioma) provenientes de plantas, grãos e nozes; e uma dieta anti-inflamatória em geral.

Seus intestinos contêm quase todo o ecossistema de bactérias do seu corpo, e as bactérias constituem a maior população do microbioma. Embora os humanos sejam geneticamente quase idênticos entre si como espécie e cerca de 85% idênticos aos ratos, as bactérias são geneticamente muito divergentes entre si. Isso implica que a diversidade máxima é fundamental para um microbioma saudável.

Ação sugerida: não limite sua dieta a apenas alguns alimentos favoritos. Torne sua dieta o mais diversificada possível.

Embora as bactérias representem cerca de 0,9 a 1,8kg do nosso peso corporal, elas superam em muito o número de células humanas. O microbioma contém cerca de 3,3 milhões de genes, em comparação com os 19 mil do genoma humano. Essa diversidade genética leva a uma vasta gama de produtos proteicos com um espectro de propriedades muito maior do que aqueles produzidos pelo próprio corpo humano. As bactérias intestinais participam na síntese de vitaminas, neurotransmissores e aminoácidos essenciais, juntamente com a transformação dos ácidos biliares e o metabolismo dos medicamentos, para citar apenas algumas de suas funções.

Ação sugerida: torne-se mais aberto e positivo em relação aos micróbios; evite a armadilha da germofobia. Há uma enorme promessa nas bactérias como fontes de novos medicamentos, de uma diminuição de doenças crônicas e de uma expectativa de vida mais longa e saudável. No mínimo, seja humilde diante desses micróbios, nossos mais poderosos aliados evolutivos. O pool genético coletivo da vida na Terra é quase inteiramente composto por microbiotas.

O equilíbrio relativo entre os diferentes tipos de bactérias no nosso intestino é um indicador geral do bem-estar. Por exemplo, a obesidade está correlacionada com a redução da diversidade microbiana, especificamente com um aumento da proporção de Firmicutes (um filo de bactérias) para Bacteroidetes (outro filo de bactérias). Uma mudança de apenas 20% na abundância bacteriana de Bacteroidetes para Firmicutes causa um ganho extra de 150 calorias por dia, traduzindo-se em um ganho de peso de 1,3kg a cada 2 meses. Firmicutes são pró-inflamatórios e promovem a obesidade, enquanto Bacteroidetes fornecem um contraponto.

Ação sugerida: concentre-se no microbioma como sendo tanto a origem como o remédio para a obesidade. Isso implica mais uma vez que uma dieta orgânica com alimentos integrais é a chave para o bem-estar. A obesidade é apenas um aspecto dessa abordagem; há implicações em tudo, desde na imunidade até nos sintomas psicológicos.

O cérebro e o microbioma estabelecem uma comunicação de mão dupla, e os sinais enviados de um para o outro lidam com tudo o que está acontecendo em seu corpo, química e neurologicamente. Da maneira mais fundamental, cada célula escuta todas as outras células, e o que prejudica um sistema prejudica o todo. O foco aqui está na resposta ao estresse e na resposta imunológica. Um microbioma saudável, por implicação, comunica isso ao resto do corpo, estabelecendo ciclos de feedback que promovem o bem-estar e a saúde.

Ação sugerida: quanto mais sabemos sobre o microbioma, mais crítica é a necessidade de redução do estresse. Essa é a mensagem que deveria trespassar todo o ruído acerca de conselhos médicos, medicamentos e dieta. Tenha uma boa noite de sono, tome medidas ativas para reduzir o estresse diário que você sente, especialmente os pequenos estresses repetidos que tendemos a ignorar, e volte-se para a Natureza naquilo que você come.

As ações sugeridas que oferecemos não são novas nem radicais. A maioria parece um conselho adequado, que vem sendo ouvido repetidamente. Mas o microbioma reforça dois fatos primordiais. A mente e o corpo são um todo, um corpo-mente, e esse corpo-mente é dominado, geneticamente falando, pelas bactérias que nos habitam. Somente a partir desses dois fatos já está sendo desenvolvida uma visão inteiramente nova e melhor do bem-estar e da saúde humanos.

ORDEM DO CAOS: POR QUE VOCÊ NÃO É UM FURACÃO?

Um dos mistérios da existência humana é o fato de que você não se desfaz em uma nuvem de átomos e moléculas, mas se mantem unido como um organismo vivo, que respira e pensa. Dizem que vivemos à beira do caos, porque o corpo humano se adaptou para enfrentar uma enorme variedade de acidentes, erros, ferimentos, doenças e estresses que destruiriam um sistema inanimado.

Um exemplo simples são as suas articulações. Você dobra e desdobra os dedos centenas de vezes por dia. Pegue uma barra de aço e dobre-a centenas de vezes. Ela quebrará, seus dedos não. Na verdade, eles melhoram em tudo o que fazem, como praticar piano, uma atividade repetida que cria mais ordem, embora tocar piano ou violino exija movimentos intermináveis que pareceriam aleatórios se você fosse surdo.

O estudo sobre o caos progrediu o suficiente para que seja possível considerar qualquer fenômeno, desde o clima até o batimento cardíaco, dos padrões de trânsito até as ondas cerebrais, e vê-los como uma competição entre a ordem e o caos. Sua vida depende da sequência previsível (ordenada) de eventos que produz um batimento cardíaco saudável e se a sequência fica fora de sincronia, o coração pode entrar em atividade irregular, desde um batimento cardíaco irregular benigno (arritmia) até uma convulsão aleatória (fibrilação) que pode ser fatal.

Isso dá a entender que a ordem é preferível ao caos. A maioria das pessoas concordaria que uma vida ordenada, sem muita imprevisibilidade, é melhor do que uma vida caótica cheia de acidentes aleatórios e imprevistos. Mas, na realidade, a ordem não é melhor que o caos. São dois lados de um ato de equilíbrio. Tomando o corpo humano como exemplo, a ordem e o caos são equilibrados de inúmeras formas. Aqui vão algumas das mais importantes:

- Substâncias bioquímicas correm aleatoriamente por sua corrente sanguínea, mas assim que entram na célula, contribuem para os processos ordenados que constroem e mantêm cada célula.
- Quando o funcionamento do coração se torna irregular, podem surgir problemas, mas um batimento cardíaco rígido, semelhante a um tambor marcado, também não é saudável e pode indicar estresse crônico. Para ser saudável, seu batimento cardíaco precisa responder com flexibilidade a tudo o que você está fazendo e a tudo o que lhe acontece. Isso é chamado de variabilidade da frequência cardíaca e está correlacionado a uma boa saúde.
- O cérebro preserva as operações ordenadas em todas as partes do corpo, mas a atividade das células cerebrais é altamente caótica, porém durante uma convulsão, como um ataque epiléptico, o padrão de atividade cerebral é anormalmente ordenado.

Na teoria do caos existem dois princípios básicos que aprofundam o mistério da vida ao tentar explicá-lo. O primeiro é popularmente conhecido como Efeito Borboleta, que citamos na Parte Três. Ele diz que uma borboleta que move as asas em um ponto do globo pode criar uma pequena turbulência no ar, que se expande por conta própria até que um furacão seja criado em outra parte do globo. Seu corpo deve manter essas pequenas interrupções sob controle ou um redemoinho em sua corrente sanguínea pode criar um cataclisma. Mas você está resguardado de se transformar em um furacão. Seu corpo possui todos os mecanismos de equilíbrio para manter centenas, senão milhares de processos dentro de sua faixa de normalidade.

O segundo princípio é comumente chamado de "limite do caos", que sustenta que os sistemas ordenados dependem da capacidade de sobreviver ao caos quando ele os atinge, ao mesmo tempo sem ser muito rígidos, rotineiros e previsíveis. Isso se alinha ao ditado budista de que um poderoso carvalho tomba durante uma tempestade, enquanto uma muda de árvore jovem e flexível se curva ao vento e sobrevive.

A teoria do caos tem muito mais a dizer sobre questões vitais como batimentos cardíacos, respiração, atividade cerebral, sistema imunológico e assuntos do gênero, mas iremos nos ater ao Efeito Borboleta e ao limite do caos. A Natureza passou muito bem durante bilhões de anos, deixando o caos reinar nos seus domínios e a ordem presidir os seus. O caos turbulento caracterizou o Big Bang, mas, com o tempo, os átomos e as moléculas formaram sistemas estáveis. Deixar o caos reinar não impediu que a ordem tivesse seus dias de glória, o que resultou em estrelas, planetas, na Terra e na vida na Terra. Essa é a progressão para os estados superiores de ordem que chamamos de evolução.

No entanto, a evolução não pode realmente derrotar a dissipação de energia térmica que é inevitável, conhecida como entropia. A Natureza quer que o calor seja disperso uniformemente por todo lado, para que os pontos quentes emitam seu calor e esfriem até a mesma temperatura que os rodeia. Por que, então, a evolução e a entropia chegaram a um acordo cooperativo? Desde o nascimento, seu corpo cresceu e se desenvolveu, o que é a evolução em ação, e, ainda assim, as formas vivas devem morrer e decair também, o que é pura entropia.

Agora nos encontramos no cerne da questão. Não existe uma terceira força para mediar ou arbitrar a oposição entre evolução e entropia, pelo menos nenhuma força física. Se você olhar o quadro geral, no entanto, parece que ambos os conceitos – ordem e caos – são ficções criadas pela mente. Para enxergar isso, imagine Leonardo da Vinci pintando a *Mona Lisa*. O retrato é um belo exemplo de ordem, mas se você der uma olhada de perto na paleta de Leonardo, verá que seu pincel pintou aleatoriamente várias cores, sem qualquer ordem aparente.

No entanto, de alguma forma, a desordem das pinceladas e a ordem da *Mona Lisa* servem a um propósito que transcende ambos. O retrato não é uma ordem simplista, como uma fila de moedas sobre a mesa. Ele representa uma intenção invisível que não tem nada a ver com os processos que levaram à sua realização. A intenção de criar arte vai além de atividades como juntar cerdas para fazer um pincel, extrair cobalto para transformá-lo em pigmento azul e derrubar árvores para fazer a moldura dentro da qual a tela é esticada antes da aplicação da primeira pincelada de tinta.

Em todos os assuntos humanos, a mesma terceira força invisível organiza a forma como o caos é impedido de destruir a ordem e como a ordem é impedida de se tornar tão rígida a ponto de a vida parar. Essa terceira força não é física, porque a ciência, que tem um conhecimento complexo, se não completo, do mundo físico, não consegue explicar por que a entropia e a evolução chegaram a um acordo tão perfeito na Natureza.

Com toda a humildade, não podemos dizer (embora isso tenha sido dito milhares de vezes) que a criatividade e a inteligência só surgiram com o *Homo sapiens* ou, na melhor das hipóteses, com nossos ancestrais hominídeos. Neste livro apresentamos o argumento de que a própria Natureza incorpora a inteligência criativa. Essa linha de pensamento ainda escapa à ciência, mas, no final, pode ser a única explicação lógica que funciona. Caso contrário, seríamos todos furacões ou rochas, as alternativas entre o caos descontrolado e a ordem fixada no lugar, por eras.

A RELAÇÃO MAIS IMPORTANTE DO SEU CÉREBRO NÃO É COM VOCÊ

Você não consegue ter um pensamento, um sentimento, uma sensação ou uma imagem mental sem recorrer ao seu cérebro, e essa relação tão próxima nos torna humanos. Uma vez que 100 bilhões de células cerebrais estão constantemente gerando sua vida mental, nenhuma outra relação parece ser mais importante e todo mundo tem um medo escondido no fundo da mente sobre o que acontecerá na velhice se a doença de Alzheimer aparecer, essencialmente destruindo a ligação mente-cérebro.

Mas por mais precioso que seja esse relacionamento, seu cérebro tem um relacionamento mais importante que ficou oculto até cerca de 20 anos atrás. Essa relação preciosa é com as bactérias, e mesmo quando você está dormindo ou pensando em nada, a comunicação entre o cérebro e as bactérias nunca cessa, especificamente as bactérias do seu trato gastrointestinal (a microbiota intestinal).

O cérebro e o trato gastrointestinal criaram entre si uma matriz da vida real, exatamente como em um filme de ficção científica. Você está vivo e se relaciona com seu cérebro dentro dessa estrutura firme de substâncias bioquímicas que transportam milhares de mensagens por segundo entre sua microbiota e o cérebro. À primeira vista, isso parece inacreditável, porque poucas formas de vida têm uma genética tão rudimentar como uma bactéria e nenhuma forma de vida tem um cérebro tão complexo como o cérebro humano. Um velho provérbio diz que até um gato pode olhar para um rei. Biologicamente falando, a bactéria inferior (juntamente com os vírus e os fungos microscópicos) faz muito mais do que olhar para o cérebro, e mais ainda do que espioná-lo.

Os trilhões de bactérias na microbiota se alimentam das partes não digeríveis dos alimentos que consumimos (ou seja, as fibras e os chamados amidos resistentes), um fato ensinado em todas as aulas sobre saúde nas escolas. A digestão fornece a energia e os nutrientes que nos mantêm vivos, por isso parece um processo básico e, portanto, rudimentar. Mas a digestão é um milagre evolutivo. As bactérias prosperaram durante bilhões de anos fazendo tudo o que queriam e, em um nível invisível, elas governam o planeta, juntamente com os fungos e os vírus. São o DNA mestre da vida na Terra.

Como alguns desses microrganismos causam doenças e degeneração, é fácil vê-los como uma ameaça, e a maioria das pessoas ainda pensa assim. Se considerarmos a vida como sendo a sobrevivência do mais apto, as bactérias são muito mais adaptadas do que nós, e é incrível o fato de que pelo menos uma ou duas mil espécies de bactérias tenham decidido sustentar a vida humana. Fixando residência na pele, na superfície do tecido mucoso úmido, como o revestimento da boca e do nariz, e, de forma muito mais importante, no trato gastrointestinal, as bactérias se entrelaçaram ao nosso próprio DNA.

Elas tornam possível um sistema imunológico saudável. Elas ajudam a sincronizar os vários relógios do corpo (biorritmos), começando pelo sono. Elas modulam nossa resposta ao estresse, a inflamação e provavelmente a nossa susceptibilidade a todos os tipos de doenças crônicas, incluindo o câncer. Caso as prósperas colônias bacterianas em seu trato gastrointestinal sejam perturbadas, você poderá sentir um efeito cascata de enormes consequências. O fato de bactérias microscópicas poderem causar perturbações generalizadas no corpo pode parecer como jogar uma bola de beisebol na janela de um arranha-céu e fazer com que todo o edifício desmorone.

A história química de como isso ocorre é tão complexa que uma compreensão completa está longe de ser alcançada, isso se algum dia for conhecida. Mas algumas lições vêm surgindo, como as seguintes:

- O corpo não é só um objeto físico, mas uma matriz de inteligência cujas informações são constantemente atualizadas.
- A primeira parte do seu corpo a ser alertada sobre qualquer evento – mental ou físico – é a microbiota.
- Os comprometimentos mais graves da microbiota e de toda a matriz decorrem do estresse, da inflamação crônica e da má qualidade do sono. Também entre as principais fontes de distúrbios estão a ansiedade e a depressão.

- Colocar ênfase no sono de boa qualidade e na redução do estresse é tão importante quanto o que comemos, embora a qualidade da nossa dieta obviamente afete nossa microbiota.
- A sua microbiota muda continuamente e de formas muito complexas, que não podem ser monitoradas constantemente. Isso coloca a responsabilidade pelo bem-estar e pela saúde em suas escolhas de estilo de vida.

Como as pessoas têm fixação pela dieta e ela é fundamental para uma microbiota saudável, são necessárias algumas orientações sobre o que comer. Um fato básico nunca deve ser esquecido ou negligenciado: esses microrganismos se alimentam das partes não digeríveis dos alimentos que você come; em outras palavras, a fibra dos alimentos vegetais. Quanto mais variadas forem suas fontes de fibra vegetal, melhor e é em grande parte por isso que a dieta mediterrânea é tão salubre.

Os seres humanos não têm potencial genético para produzir as enzimas que decompõem esse material fibroso. Algumas outras descobertas são relevantes. Curiosamente, comer arroz branco cozido ou batatas assadas depois que esfriam aumenta a qualidade do amido resistente e alimenta melhor os micróbios simbióticos no intestino. Ironicamente, as batatas fritas, que são aquecidas e depois resfriadas, tornaram-se, de certa forma, um novo "alimento saudável". A mesma ideia se aplica a bananas congeladas ou ao consumo de bananas verdes. Mergulhar aveia crua em leite ou iogurte durante a noite é outra boa ideia que fornece amido resistente.

Lentilhas, grãos integrais, castanha-de-caju e linhaça são exemplos de alimentos com alto teor de amido resistente. Todos os vegetais e frutas frescas fornecem uma rica fonte de fibras solúveis, carboidratos não digeríveis, minerais e vitaminas, que a pessoa média não consome o suficiente. Mudar da dieta norte-americana típica para uma dieta orgânica com alimentos integrais, com uma base sólida em alimentos à base de plantas, é uma tarefa difícil, mas pelo menos a iniciativa está alinhada com a ciência.

Onde a ciência não consegue chegar, pode-se dizer, é na explicação sobre a matriz que é a teia da vida. Todo o tempo evolutivo está contido dentro de nós. A vida é sustentada por uma comunicação inteligente constante; embora os transportadores químicos sejam bastante conhecidos, e haja mais descobertas a caminho, o mistério mais fundamental permanece sem solução. Em primeiro lugar, qual a razão para as bactérias aprenderem a falar com o cérebro ou, antes disso, beneficiarem a vida humana? Sabemos apenas que isso ocorreu. Ninguém poderia ter inventado essa história e, no final, o cérebro humano não consegue compreender como funciona a matriz, porque isso seria como explicar cada gota nas Cataratas do Niágara enquanto a água está em movimento.

O que sabemos até agora sobre como manter a matriz saudável é apenas o começo. O fluxo da inteligência criativa não pode ser observado diretamente, e a ligação entre a mente e a matéria é hoje quase tão obscura quanto era para os antigos gregos. Todo mundo tem uma teoria favorita sobre esses enigmas interconectados. Enquanto isso, sem agradecimentos e muitas vezes sem ser notado, o mistério se contentou em recriar a vida a cada segundo durante 3 bilhões de anos.

A SABEDORIA DO CORPO É A SABEDORIA DO AGORA

O tempo é tão misterioso quanto a própria vida. Como uma afirmação, isso é inegável. Tudo é cronometrado em uma célula viva. As células sabem quando se dividir, o que exige que o DNA se parta ao meio como um zíper genético. Cada metade reconstrói toda a hélice dupla através de um tempo molecular preciso, em que uma metade trabalha de frente para trás e a outra metade de trás para frente. As chamadas máquinas moleculares supervisionam esse processo, que não é contínuo, e às vezes requer uma pausa. Uma vez que as duas metades estejam inteiras novamente, o resto da célula deve se dividir de modo que uma réplica perfeita de cada parte, incluindo a membrana externa, surja sem falhas.

Estamos falando de um domínio completo do tempo – e há milhares de outros processos envolvidos, porque seu corpo não funciona de acordo com um único relógio (ou biorritmo). Ele sincroniza um número impressionante de relógios, cada um com sua própria duração. A biologia quântica chegou mais perto de desvendar como o tempo afeta o envelhecimento e as doenças do que qualquer teoria anterior. Os pontos básicos você já viu:

- A entropia degrada o uso da energia dentro de uma célula. Com o passar do tempo, erros em escala quântica fazem com que a energia seja usada de forma menos eficiente.
- Os menores erros locais em uma célula têm consequências que se espalham para outras células, depois para tecidos, órgãos e todo o corpo.

- A degradação da energia dá uma explicação quântica para a razão pela qual envelhecemos e ficamos doentes.
- O tempo, portanto, é o culpado que, invisivelmente, nos rouba a vida e seu comportamento não pode ser compreendido sem que passemos ao nível quântico.

Esses pontos são precisos, mas, ao mesmo tempo, frustrantes. Ir para o nível quântico é uma jornada matemática. Fazendo uso de computação avançada e inteligência artificial, uma enorme quantidade de dados sobre a biologia quântica pode ser obtida. Em algum lugar desses dados há pistas sobre a surpreendente maestria sobre o tempo que é exibida sem esforço por cada célula do seu corpo. Mas há também um muro conceitual que deve ser computado. Ninguém sabe de onde vem o tempo. Deste lado do Big Bang, o tempo, o espaço, a matéria e a energia organizam o cosmos. Do outro lado do Big Bang está um território desconhecido e, infelizmente, nenhum dado pode ser extraído dele.

Não é apenas a origem do tempo que é desconcertante. Examine os relógios biológicos do corpo e você encontrará todo tipo de coisas igualmente desconcertantes. Para citar apenas uma, como o corpo consegue sincronizar o tempo de longo prazo (incluindo a perda dos dentes de leite para o surgimento dos dentes definitivos, o início da puberdade e a chegada da menstruação), o tempo médio (incluindo os ciclos de digestão, hormônios e sono) e o tempo de curto prazo (incluindo milhares de processos químicos quase instantâneos no nível celular)?

Se você se concentrar nesse único mistério, surgirá uma pista quântica. Por trás da capacidade do corpo de sincronizar o tempo, o atemporal deve estar em ação. Isso porque, seja o que for que organiza todos esses relógios biológicos, não há um cronômetro os regendo. Então, quem ou o que os ajusta?

Imagine-se sentado na margem de um rio. Você só consegue saber a velocidade da corrente da água se não flutua rio abaixo com ela. Da mesma forma como deve haver um ponto de vista fora do rio, o campo quântico proporciona um ponto de vista fora do tempo.

Esse ponto de vista tem um nome surpreendente: *agora*. O agora está fora do tempo. Toda regulação, controle, computação e inteligência implícita na sincronização dos ciclos de tempo de longo, médio e curto alcances ocorrem no agora. Esse fato contém a chave para o que é popularmente chamado de sabedoria do corpo. Seu corpo reúne tudo o que precisa sem esforço, e faz isso aqui e agora. Poderíamos dizer com veracidade que a sabedoria do corpo é a sabedoria do agora. A medicina será revolucionada se o tempo puder ser compreendido no agora, porque o agora nunca envelhece. Não está sujeito à entropia ou às degradações que podem ser rastreadas até o tempo como o culpado pelo dano à vida.

Seu corpo se sente confortável vivendo no agora. No entanto, psicologicamente, o agora parece algo bastante ilusório. Querer viver o momento presente é algo que muitas pessoas consideram frustrante. Dizem a elas que a vida se renova no momento presente, que o fardo do passado encobre a alegria e a satisfação que sempre estão disponíveis no presente. O problema é que essas belas promessas são difíceis de serem traduzidas em experiências pessoais. Você precisa investigar um pouco mais fundo para enxergar o que é realmente necessário. Existe sabedoria no agora que não é revelada à mente sem autoconsciência.

É a mente fervilhante e ativa que acha o momento presente tão difícil de ser apreendido. Constantemente ocupada com pensamentos, sentimentos e sensações, a mente dá a impressão de que já está presente. Isso é uma ilusão. Considere a luz que chega até nós de galáxias distantes. Olhando para o céu noturno, essa luz parece brilhar aqui e agora, mas realmente levou bilhões de anos para a luz das estrelas chegar à Terra, então a luz que você vê tem, na verdade, bilhões de anos.

Surpreendentemente, o mesmo se aplica ao que você vê neste minuto. No breve tempo que leva para os sinais gerados pelos fótons de luz viajarem da retina até o córtex visual no cérebro, há um atraso. Na verdade, você está vendo o passado, da mesma forma quando olha para as estrelas. O mesmo se aplica aos outros sentidos. A ascensão e a queda da percepção trazem consigo um atraso de tempo. Da mesma forma, o ir e o vir do pensamento são apenas uma *impressão* de se estar presente. A grande maioria dos pensamentos exige interpretação, o que coloca o pensamento ainda mais no passado. Considere a forma com que um pensamento como "estou com muita fome" pode pairar por horas até que você tenha a oportunidade de comer.

No entanto, você está sempre presente em sua mente, mesmo quando isso escapa à sua atenção. O lugar onde você está sempre presente é a pausa silenciosa entre os pensamentos. O pensamento é transitório; surge e depois desaparece como uma onda no oceano. No entanto, o oceano está sempre presente, assim como o pano de fundo silencioso da consciência que, por uma fração de segundo, você vislumbra por entre os pensamentos.

Se mergulhar nessa lacuna silenciosa, que é o propósito da meditação, a consciência que você vivencia estará no momento presente. O silêncio não contém lembranças ruins, feridas, traumas ou condicionamentos do passado. Portanto, ele pode estar presente. O silêncio é contínuo e novo ao mesmo tempo. A novidade vem das possibilidades criativas que a consciência humana contém. Nem todas essas possibilidades são novas. Quando sua mente emitir o próximo pensamento, será muito provável que ele repita ou se assemelhe a um pensamento passado. Hábitos de pensamento são a principal razão pela qual não vivenciamos o momento presente.

Seu corpo não tem esse problema. As células estão sempre presentes – elas têm que estar, para sobreviver. Suas células não armazenam um suprimento de oxigênio e nutrientes para mais que alguns segundos. Elas dependem de ser nutridas sem se preocupar com o futuro. Em outras palavras, elas confiam na sabedoria do agora. Se uma célula pudesse expressar aquilo em que consiste essa sabedoria, ela diria que o agora

> É sempre novo
>
> Sabe o que é necessário a todo momento
>
> Renova a experiência de se estar vivo
>
> Contém energia vibrante
>
> Não tem arrependimentos a respeito do passado nem apreensão com o futuro

Essas são exatamente as qualidades que a mente procura no momento presente. No entanto, não há nada a procurar de fato, porque o agora não ocupa espaço no tempo. Ele não pode ser apreendido ou descrito. Não existe um "lá" pelos padrões da mente pensante, que anseia por se apegar a experiências prazerosas e banir as dolorosas. O agora não tem a ver com prazer ou dor.

Uma vez que perceba isso, você terá dado o passo mais importante para estar no momento presente: pare de acreditar que pode chegar lá pensando, sentindo, acreditando, tendo esperança ou por qualquer outro processo mental. A sabedoria do agora, como seu corpo já conhece nos seus trilhões de células, está incorporada na própria existência. Sem essa sabedoria, uma célula não consegue existir. A ilusão de que você pode existir sem a sabedoria do agora deve ser descartada.

A sabedoria do agora não pode ser explicada racionalmente, com o uso de medições, dados ou fórmulas matemáticas, mas a ciência pode usar essas ferramentas para identificar algumas pistas fascinantes. Se você pegar um copo e encher o fundo com tinta e o topo com água limpa, com o tempo os dois irão se misturar. O movimento aleatório das moléculas na tinta e na água é governado pela entropia e pela flecha do tempo. Essa flecha se move apenas em uma direção, então a tinta e a água irão se misturar com o avanço no tempo. É fantasticamente improvável que se separem em dois líquidos, tinta e água, em seus compartimentos individuais.

Essa ligação íntima entre entropia e tempo é uma base fundamental da física clássica. Mas em vez do copo, olhe para uma célula. É basicamente um recipiente cheio de moléculas de todos os tipos, não apenas dois, como tinta e água, mas dezenas de milhares de diferentes moléculas. De acordo com a entropia, operando com o movimento aleatório das moléculas, uma célula deveria ser uma mistura uniforme onde cada tipo de molécula fosse distribuído aleatoriamente por todo o volume.

No entanto, a célula, longe de ser uma mistura governada pela entropia, divide-se em compartimentos com centenas de processos separados, e cada processo utiliza precisamente as moléculas de que necessita, muito mais precisamente do que Rembrandt misturava as cores da sua paleta para obter as tonalidades e os matizes de cores exatas que desejava. A biologia quântica permite a extração de dados que medem a precisão com que uma célula usa seus recursos energéticos. O que não pode ser medido, porém, é a inteligência invisível que faz tudo na hora certa, nem muito cedo nem muito tarde. O agora governa a vida de uma célula. Só o agora fica imóvel e direciona a energia e as moléculas para onde precisam ir, como um guarda de trânsito em pé no canteiro da avenida, direcionando os carros que zunem ao seu redor.

A física que governa a forma com que a tinta e a água se misturam é definida dentro de uma célula, mas não se pode dizer que as proteínas, as enzimas, a água e os genes reais em uma célula "sabem" alguma coisa. Não em sua constituição física, pelo menos. Não existem propriedades físicas que criam inteligência, muito menos sabedoria, do tipo que uma célula exibe. O que isso nos diz é que a entropia e a flecha do tempo estão ligadas, mas a entropia não *explica* o tempo. Sem consciência, em última análise, não há necessidade de inserir o tempo em muitas das equações quânticas, nas quais a posição de uma partícula subatômica no espaço pode ser trocada por sua posição no tempo e seu estado energético.

Toda experiência ocorre na consciência. Sem ela, o mundo "lá fora" não tem paisagens, sons, texturas, cheiros e sabores. Essa parte não pode ser questionada, porque todos sabemos imediatamente que, no sono profundo, não existe mundo "lá fora", não para nós, como vivenciadores. Aqui, a sabedoria do agora faz uma estranha reviravolta. No sono profundo, de acordo com os sábios védicos, você experimenta a consciência pura, o que faz do sono o mais próximo que alguém chega da total ausência de ilusão.

Sabemos que esse raciocínio parece estranho, e a resposta automática é que o sono não contém nenhuma experiência se você não está sonhando. Mas isso ocorre porque a névoa da mente condicionada se sobrepõe, vindo das horas de vigília até o sono. Com clareza de consciência, você perceberia o sono como a paz tranquila da consciência pura. Na verdade, você tem que ir até lá para que seu cérebro se renove e livre-se das toxinas acumuladas, duas coisas que ele não consegue fazer com você acordado e pensando.

É provável que poucas pessoas percebam a clareza total quando estão dormindo, mas a sabedoria do agora também é vislumbrada durante as horas de vigília. Esses vislumbres surgem quando você experimenta algo que a mente não consegue criar e nunca criou. A essa altura, você já sabe bem quais são essas coisas: amor, compaixão, insight, empatia, verdade, beleza, inspiração, alegria, admiração, criatividade e crescimento interior. Ninguém as inventou. Elas não podem ser inventadas; são parte inata da consciência humana. Elas são a nossa interpretação da consciência pura manifesta.

A razão final pela qual você não precisa buscar o momento presente é que ele já está encontrando você, naqueles momentos em que a lacuna silenciosa entre os pensamentos proporciona essas dádivas. Se a lacuna silenciosa fosse vazia, a vida espiritual seria igualmente vazia e a consciência, um vazio. Mas, na realidade, existem infinitas possibilidades na consciência pura, e o espaço entre os pensamentos é o portal para ativá-las. Estar consciente dessa realidade tira você de todas as ilusões. Agora você tem uma motivação vitalícia para valorizar os benefícios do agora e fazer tudo o que puder para viver de acordo com eles.

RESUMO: AS PRINCIPAIS CONCLUSÕES

Esta parte do livro apresentou respostas quânticas para antigos enigmas científicos. Você recebeu um mapa para a nova ciência da vida. No entanto, nosso objetivo é fazer uma mudança em sua consciência. Queremos que você absorva ao máximo sua conexão com seu corpo quântico. A realidade quântica tem uma reputação de estranheza, como se a Natureza tivesse perversamente criado uma coleção de partículas de comportamento estranho, que desprezam a física e a química operantes na vida normal cotidiana.

No entanto, a realidade quântica, como tentamos demonstrar, é a realidade "real", a fundação da qual se origina tudo em você. O comportamento estranho exibido no nível quântico está em perfeita conformidade com o funcionamento da consciência. Existe uma ligação profunda entre as descobertas feitas pelos grandes pioneiros quânticos mais de um século atrás e o modelo mais antigo e completo da consciência, que surgiu com os sábios védicos da Índia há milhares de anos.

Por mais profunda que seja a resposta, resta a todos viver o mistério da vida. As experiências mais simples – ver o azul do céu, provar um grão de sal, ouvir música – não têm explicações científicas. Isso não impediu os pesquisadores de as buscarem constantemente. Os sábios védicos seguiram um caminho diferente. Eles afirmaram que a consciência é simples. É o dado presumido, o ponto zero e o estado fundamental da existência. Em 1931, Max Planck deu uma entrevista ao *London Observer* que continha uma passagem que citamos anteriormente: O entrevistador perguntou: "Você acha que a consciência pode ser explicada nos termos da matéria e das suas leis?"

"Não," respondeu Planck, "considero a consciência fundamental. Considero a matéria derivada da consciência. Não podemos ir para trás da consciência. Tudo o que pensamos, tudo o que consideramos existente, postula a consciência."

Ir para trás da consciência significa resolver de onde ela vem, como foi criada, quando e onde essa criação ocorreu, e outras questões que se aplicam às descobertas científicas. Quando Planck insistiu que a matéria derivava da consciência, ele fez uma afirmação védica. Ao mesmo tempo, ele apontou o caminho para futuras investigações em física quântica. Demorou quase um século para que a pista de Planck fosse seguida. Agora, com o advento do metabolismo quântico e da biologia quântica, a ligação entre a realidade quântica e o corpo humano está aberta à descoberta.

Essas pesquisas estão acontecendo em áreas abstratas que parecem não afetar a vida cotidiana, mas este livro revelou algumas questões críticas da vida cotidiana que precisam de respostas quânticas, agora sendo obtidas.

Entropia: a entropia, como discutimos, é uma medida da desordem. Por exemplo, à medida que a energia térmica se dissipa quando um cubo de gelo derrete, um sistema físico apresenta entropia aumentada. Todos os sistemas físicos do Universo estão sujeitos ao aumento da entropia – tal como os cubos de gelo, as estrelas dissipam sua energia – com o objetivo de dispersar a energia uniformemente em todo o cosmos. Isso é chamado de estado de entropia máxima. Algumas dessas questões estão começando a ocupar o centro das atenções e é provável que aí permaneçam durante décadas.

Em contraste, um sistema biológico vivo como o corpo humano tenta criar uma complexidade organizada reduzindo a entropia, utilizando o aumento constante de energia que vem do metabolismo dos alimentos. Cada um de nós é uma ilha de entropia negativa, como dizem, porque nossos corpos mais organizam do que dissipam a energia.

O calor, um subproduto da energia metabólica, tem consequências positivas e negativas. O calor é necessário para manter a temperatura corporal, enquanto seu excesso na forma de inflamação causa danos estruturais. Isso aponta para a importante descoberta de que a inflamação crônica de baixa intensidade está ligada ao desenvolvimento de doenças crônicas associadas ao envelhecimento.

Informação: qualquer objeto físico pode ser visto não como uma coisa, mas um depósito de informações – o DNA humano é um exemplo intrincado de um enorme armazém de informações. As células do seu corpo também o são, e essa informação é dinâmica; é trocada e move-se o tempo todo, de forma parecida com o funcionamento de um computador. As células prosperam com a nutrição rica em informações fornecida por alimentos integrais, já os alimentos com pouca informação (açúcar branco, farinha branca e alimentos processados) são calorias sem valor nutricional frente ao que as células necessitam. Portanto, em vez de contribuir para o metabolismo de forma frutífera, esses alimentos com baixo teor de informação tendem a ser desviados para as células adiposas, tornando-os um dos principais contribuintes para a obesidade.

Estresse: embora a pesquisa sobre o estresse já aconteça há décadas, sua importância tem se tornado cada vez mais profunda nos últimos anos. Os sintomas do estresse costumavam ser o principal foco de atenção. A resposta biológica ao estresse foi projetada para reagir a uma emergência breve e aguda, após a qual o corpo retorna ao seu estado normal de funcionamento. Mas a vida moderna distorceu a aplicação natural do estresse. A presença de estresse crônico de baixa intensidade não dá origem a sinais breves e agudos. Ela persiste como uma febre baixa e, embora a vida possa continuar parecendo normal, no nível celular, particularmente em termos de hormônios e indicadores de inflamação, o estresse crônico cria distorções microscópicas com implicações macroscópicas.

Os efeitos quânticos do estresse são metabólicos, o que significa que a física da distribuição de energia dentro de uma célula é fundamental. Contudo, é o mesmo nível no qual a resposta psicológica de uma pessoa ao estresse tem efeitos deteriorantes e no qual o envelhecimento se conecta à diminuição da eficiência nos processos interligados de uma célula. Um quadro completo de estresse deve abranger a forma como metabolizamos as experiências, e não apenas a energia.

Tempo: todos sabemos que o envelhecimento é uma função do tempo, mas, para um físico, a "flecha do tempo" é criada pela entropia. A energia que se dissipa se move em uma direção. Um exemplo é um copo que se quebra ao cair no chão. O acidente não pode ser desfeito; portanto, esse evento moveu a flecha do tempo. No caso do corpo humano, a perda de eficiência em todos os tipos de processos também move a flecha do tempo. A perda de eficiência biológica pode ser medida como o processo de envelhecimento. O que mais importa é como você envelhece biologicamente, não como seu visual no espelho fica.

Essas questões ilustram como o mistério do corpo humano está começando a ser compreendido sob uma nova luz, com o auxílio da teoria quântica. As medições necessárias não são diferentes da medição de qualquer outro objeto físico, mesmo que uma estrutura como o cérebro humano ou o DNA humano seja tão complexa que seu aspecto de "coisa" seja quase irreconhecível quando comparado a um cubo de gelo derretido, a uma folha de carvalho em decomposição ou ao resfriamento do cosmos.

Se você for um cientista tentando compreender o corpo humano, tudo o que não for mensurável fica de fora. No entanto, todos nós estamos em contato íntimo com o mistério da vida e podemos optar por viver o mistério em vez de esperar que os especialistas o resolvam com ainda mais pesquisas. A maneira mais básica de viver o mistério é fazer uma conexão consciente com seu corpo quântico. O elo de ligação é a consciência. Todo mundo está equipado para isso. Quando você se sente cansado ou cheio de energia, alerta ou entorpecido, quando detecta o surgimento de uma dor de cabeça ou passa pelas sensações complexas da gravidez, está adentrando um processo conhecido como interocepção.

Abordamos a interocepção na primeira parte, mas precisamos reiterar sua importância. A interocepção é a chave para viver o mistério. É um sexto sentido genuíno e, na verdade, os cinco sentidos dependem dela, porque a visão, a audição, o tato, o paladar e o olfato precisam ser interpretados conscientemente. Ao contrário dos cinco sentidos, que prestam atenção prioritariamente ao mundo exterior, a interocepção aplica a consciência ao corpo e, além disso, a todo o corpo-mente. Cada célula escuta seus pensamentos, sentimentos e sensações, por isso é totalmente artificial separar mente e corpo.

Além de unir os dois, a interocepção insufla consciência no corpo. A sabedoria do corpo não precisa da sua atenção na maior parte do tempo. Milhares de processos operam em perfeita sincronia, utilizando a inteligência criativa em cada célula. No entanto, se você aplica a atenção de forma consciente, aumenta a sabedoria do corpo. Relaxamento consciente, meditação, posturas de ioga, redução do estresse, alimentação integral, exercícios e sono regular de boa qualidade são intervenções conscientes que surgem da interocepção. Algo que não pode ser reduzido a dados físicos – a sua consciência – permite que você viva o mistério que é não apenas seu corpo, mas você como ser humano.

O fluxo de inteligência criativa que sustenta a vida também é responsável por ir além dos processos básicos e proporcionar experiências de consciência superior ou expandida, ou seja, amor, compaixão, beleza, verdade, insight, criatividade, felicidade e crescimento pessoal. Essas experiências demandam a interocepção na forma de sensibilidade ao que está acontecendo "aqui dentro". Estímulos externos, como ver alguém que você ama ou contemplar uma obra de arte, não criam tais experiências; na melhor das hipóteses, eles as estimulam. O êxtase que uma pessoa sente pela música e pela arte, por exemplo, pode ser indiferença ou distanciamento para outra pessoa.

Não estamos desconsiderando os enormes benefícios da ciência médica na compreensão do corpo humano. Esses benefícios não precisam ser descartados nem ignorados. Tomar o mais recente reforço da vacina contra Covid-19 é apenas um exemplo. Mas viver o mistério é a única maneira de alcançar realização para a vida toda e evolução pessoal.

Agora você conhece as principais conclusões deste livro. A realidade do corpo quântico demandou o conhecimento combinado da ciência moderna e da sabedoria antiga. Isso não é um clichê ou uma ilusão. O futuro do bem-estar de todos – e do planeta – depende, em última análise, da concretização de todos os impulsos criativos e a nossa maior esperança está na fonte de todos as soluções criativas, na consciência em si.

EPÍLOGO

A DIMENSÃO ESPIRITUAL

por Deepak Chopra

O olho com o qual vejo Deus
é o mesmo com que Deus me vê.
— Meister Eckhart

Este livro estaria incompleto sem discutir a dimensão espiritual da vida. A física moderna seguiu na direção quase oposta em relação à imaginada pelos pioneiros quânticos. Muitos deles acreditavam que o mundo quântico fazia fronteira com a alma, com Deus ou com o transcendente. Heisenberg encontrou uma imagem memorável. "O primeiro gole do copo das ciências naturais o transformará em ateu, mas no fundo do copo Deus está esperando por você."

Contudo, a maioria dos pioneiros quânticos evitou usar termos religiosos. A principal preocupação deles, quando se tratava da dimensão espiritual, era a consciência, que também tem sido minha preocupação principal. Concordo com o insight simples, mas profundo, de Freeman Dyson: "Não faço nenhuma distinção clara entre a mente e Deus." Uma divindade cósmica e uma mente cósmica são a mesma coisa.

Tenho encontrado mais pessoas do que nunca que iniciaram seu próprio caminho espiritual. Elas se inspiraram em uma visão de consciência superior; ficaram entusiasmadas com a ideia de "perseguir sua felicidade". A busca tradicional por Deus atrai cada vez menos pessoas. Um termo que foi ironizado quando escrevi *A cura quântica*, "a evolução da consciência", tornou-se o foco de inúmeras pessoas em sua jornada pessoal.

Um cínico poderia salientar que ouvimos falar do surgimento de uma consciência superior há pelo menos 50 anos e, no entanto, não há iluminação coletiva à vista. A razão é que, em relação à evolução da consciência, um caminho em linha reta não é viável. Nada no domínio quântico segue uma linha reta, então por que o espírito deveria seguir?

Alcançar uma consciência superior segue um caminho diferente de qualquer outra meta estabelecida para si. Em todas as épocas e tradições espirituais, o caminho para uma consciência superior é marcado por algumas qualidades altamente peculiares e até mesmo únicas:

> Você não consegue enxergar a meta com antecedência.
>
> Portanto, não pode fazer planos confiáveis sobre como atingi-la.
>
> Como sua vida interior está em constante mudança, você nunca sabe com certeza se sua abordagem está correta nem se você está preparado para a próxima fase da jornada.
>
> Sua personalidade egoica, que o apoia em todas as outras atividades que valem a pena (quando não o sabota ou enche você de dúvidas), é de pouca utilidade nesse caminho. Na verdade, a personalidade do ego é um obstáculo à consciência superior ou evita qualquer mudança drástica, especialmente se velhos hábitos, crenças e condicionamentos forem desafiados.

Todos esses pontos podem ser discutidos detalhadamente, mas não creio que eu os tenha deturpado. Depois que você assimila que seu caminho deve chegar a um acordo com tudo nessa lista, o contexto muda. Você percebe que é como um cirurgião realizando uma cirurgia em si mesmo, uma tarefa impossível. Como um indivíduo pode evoluir guiado pela personalidade do ego, sem uma meta definida ou um mapa confiável em mãos?

A resposta é que um controlador silencioso sabe para onde você está indo. Ele governa o caminho para uma consciência superior sozinho. Do seu ponto de vista cotidiano, o processo é como observar as peças de um quebra-cabeça se juntando em uma imagem, mas movendo-se por si próprias. A coisa toda muitas vezes parece estranha. Você deve se render a um processo que é dinâmico, mutável, responsivo a todas as situações da vida e impossível de prever com antecedência.

Para aprofundar o mistério, você nem sabe *quem* está no caminho. A dimensão espiritual está acima e além do nível do ego. Embora você esteja acostumado a pensar e agir como um "eu" individual, a consciência superior não é pessoal: é universal, holística e, no final das contas, inconcebível. Isso soa intimidante, ainda usando um eufemismo, mas a mesma orientação que utiliza princípios quânticos para alcançar o bem-estar e a saúde se aplica aqui. Deixamos nossa verdadeira natureza ilimitada vir à tona; encontramos nosso verdadeiro *self*, trocando uma série de "*selves*" provisórios ao longo do caminho por algo mais próximo da realidade.

Seus "*selves*" provisórios, desde o nascimento até a morte e tudo entre esses dois pontos, dão a impressão de serem seu "eu" verdadeiro. Nós possuímos essas personas; presumimos que *somos* elas. Mas, de uma perspectiva quântica, cada persona – recém-nascido, bebê, criança pequena, criança grande, adolescente, adulto e idoso – é apenas uma vestimenta para embalar o ego, uma cobertura superficial que mascara o verdadeiro *self*. O verdadeiro *self* é a única parte de nós que conhece a realidade e administra invisivelmente a nossa evolução. Tal como o DNA dispara o desenvolvimento de uma criança dentro do prazo, com um cronograma definido que coloca os dentes de leite, por exemplo, antes da puberdade, a evolução da consciência se desenrola de acordo com um cronograma. Mas, em questões espirituais, o cronograma é imprevisível. Nada é conhecido antecipadamente. Não existe "antecipadamente". A evolução acontece no agora, o que está além do nosso controle, pois o "agora" desaparece no instante em que o reconhecemos. É difícil se abandonar e se render a um processo sobre o qual você não tem controle.

Na Índia costuma-se contar para as crianças uma linda fábula que vai ao cerne da questão:

Uma grande carruagem está sendo conduzida pela estrada, puxada por seis magníficos cavalos. O cocheiro segue tocando os cavalos quando uma voz suave vinda de dentro da carruagem diz: "Pare". O cocheiro nunca ouviu a voz antes, então a ignora e incentiva os cavalos a andarem mais rápido. Mais uma vez, a voz suave de dentro da carruagem diz: "Pare".

Agora o cocheiro está irritado. Quem esse passageiro atrevido pensa que é para ter o direito de dizer ao cocheiro o que fazer? Ele chicoteia os cavalos até deixá-los frenéticos, mas a voz de dentro da carruagem continua a dizer: "Pare". Somente quando está totalmente exausto, o cocheiro grita: "Diga-me quem você é, pelo amor de Deus!"

Lá de dentro, o passageiro invisível diz: "Eu sou o dono dessa carruagem". E com isso, o cocheiro para.

Essa fábula simboliza o ego (cocheiro) que pensa estar no controle porque chicoteia a mente e os cinco sentidos (os seis cavalos), sem perceber que tudo está a serviço do verdadeiro *self* (o dono invisível dentro da carruagem). Somente quando você percebe essa realidade, sua mente ativa freia sua atividade frenética. Caso contrário, o ego chicoteará tudo cada vez mais rápido, levando você ao destino errado.

As fábulas não têm o poder de mudar nossas vidas, mas podem nos apontar a direção certa. Depois de ouvir a voz suave do verdadeiro *self*/alma/Atman, o que você deve fazer? Relaxe e confie. Tudo é controlado pela mente cósmica, e cada um de nós age como seu instrumento (penso em outro dizer de Freeman Dyson: "Somos as principais entradas de Deus neste planeta"). No entanto, decidir se render ou não a ela é uma escolha vazia feita de acordo com o que sua personalidade egoica sente no momento. Na realidade, um projeto inconcebível está se desenrolando, um projeto que está desmantelando toda a configuração da sua existência para chegar ao verdadeiro *self*, Deus, alma, Atman, *satori* budista, consciência única ou iluminação – seja como for que você quiser chamá-la.

A configuração da vida de todos nós é um confronto dramático de opostos. Os rótulos convencionais que aplicamos a esse choque de opostos – prazer versus dor, bem versus mal, luz versus escuridão, amor versus medo, Deus versus diabo – são criados pela mente. Vistos cosmicamente, existe evolução ou entropia. A entropia está do lado da decadência e da destruição, mas a evolução aproveita a oportunidade após cada ato de destruição para inventar uma nova criação.

No nível pessoal, a evolução prossegue quando desmantelamos algum aspecto autodestrutivo da personalidade do ego para que uma qualidade mais evoluída possa ocupar seu lugar. Um gesto amoroso derrota o medo. A compaixão derrota o egoísmo. A beleza vence a feiura. A verdade derrota as mentiras. Se você se concentrar em sua própria evolução, o caminho para uma consciência superior permanecerá inconcebível, mas você estará alinhado com o plano cósmico. Alguém mais está pilotando o avião, mas você chega ao seu destino como passageiro, mesmo sem ter controle da cabine.

É bom confiar que o verdadeiro *self* sabe mais do que você quais partes do plano devem vir à tona e quando. A confiança traz paz de espírito. A destruição é inevitável, um fato que perturba a vida espiritual e sempre o fez. "Por que Deus fez isso comigo?" e "Que tipo de Deus permite que isso aconteça?" são questões muito antigas. Elas nunca são respondidas porque ninguém consegue ler a mente de Deus. Nem você pode ler a mente cósmica. Mas pode saber como isso chega até você aqui embaixo, por meio do funcionamento da inteligência criativa.

A escuridão, sendo essencial no ciclo de criação e destruição, não deve ser temida ou negada. Como Rumi disse lindamente: "Você tem uma morte e retorna a cada momento – a cada momento o mundo é renovado." Nossa estratégia como seres em evolução é confrontar pacientemente cada sinal de escuridão, aceitando que a luz encontrará uma maneira de superá-la. Também não há necessidade de usar as ferramentas das trevas contra ela, uma vez que a violência, a resistência, o desespero, o ódio e o medo não são a forma como a luz opera. A luz nada mais é do que a consciência revelando algo novo sobre si mesma, colocando o verdadeiro *self*, que é universal, na equação.

Na medida do possível, cada um de nós deve lembrar que o verdadeiro *self* é o *self* real. Somente se permanecermos firmes em quem realmente somos, a evolução da consciência poderá seguir acontecendo todos os dias da nossa vida. Em uma jornada sem fim, o agora é o portal para a eternidade, e a melhor maneira de usar o seu tempo é convidar o atemporal para guiá-lo.

AGRADECIMENTOS

Deepak Chopra

O segredo para manter meus pensamentos atualizados vem sendo aprender continuamente com vários sábios e cientistas ao longo do tempo. Sou grato aos meus coautores, Jack e Brian, por manterem a tradição com seus novos insights. Como sempre, meu editor de longa data, Gary Jansen, tem sido um parceiro inestimável. Nada é mais importante do que o apoio proporcionado por toda a equipe editorial, e estendo a mais calorosa gratidão a Diana Baroni e a todos na Harmony Books.

Jack Tuszynski

Desejo agradecer à minha esposa, Ela, e ao meu filho, Alex, cujo amor, apoio e inspiração inabaláveis foram fundamentais para que eu pudesse prosseguir com este projeto, apesar de vários outros compromissos. A presença deles na minha vida me proporcionou a motivação e o incentivo necessários para essa empreitada.

Sou profundamente grato pelas muitas interações científicas frutíferas e discussões animadas que tive sobre os assuntos da física quântica e da consciência. Sou particularmente grato a Stuart Hameroff, Roger Penrose, Marco Cavaglia, Marco Deriu, Donald Mender, Mark Rasenick, Ursula Werneke, Lloyd Demetrius, Bruce Maciver e, por último, mas não menos importante, aos falecidos e grandes Massimo Cocchi e Kary Mullis. Suas percepções e contribuições enriqueceram enormemente minha compreensão e moldaram a direção do meu trabalho.

Além disso, tenho uma grande dívida de gratidão para com meus alunos, especialmente Aarat Kalra, Travis Craddock e Eric Zizzi. Seu entusiasmo contagiante e notável dedicação foram uma fonte de inspiração. Seu trabalho árduo e empenho contribuíram imensamente para o progresso deste projeto.

Brian Fertig

Gostaria de expressar meu mais profundo agradecimento à minha esposa, Eileen, e ao meu filho, Matthew, por seu amor, força e coragem inabaláveis. O apoio deles foi fundamental na minha busca pela compreensão dos aspectos fundamentais dos sistemas biológicos, desde o nível mais básico até o nível quântico, abrangendo a consciência, a saúde, as amizades, a sociedade e o universo compartilhado.

Tenho profunda gratidão a Jack Tuszynski e Deepak Chopra, por seus inestimáveis insights criativos, que influenciaram enormemente minha jornada. Gostaria também de estender os meus sinceros agradecimentos a todos aqueles que desempenharam algum papel na criação do livro *Metabolism and Medicine*, bem como aos luminares inspiradores que generosamente apoiaram o meu trabalho, contribuindo assim para sua credibilidade. Serei eternamente grato ao falecido Bruce McEwen, pela sabedoria e pelos insights compartilhados.

Sou grato pelas conversas envolventes que tive com Carol Ash e David O'Hara, e também pelas discussões esclarecedoras na sala dos médicos com Vasilios Velmahos, que foram ao mesmo tempo enriquecedoras e inspiradoras. Tenho imenso orgulho de Nicolas Velmahos, que optou por seguir uma carreira alinhada a esses interesses. Gostaria de estender meus agradecimentos a Amie Thornton e Bob Garrett por reconhecerem o valor de minhas contribuições.

Desejo agradecer a Vincent Sferra e Michael Whalen por seus comentários atenciosos sobre inúmeras ideias, que foram fundamentais na concepção do meu trabalho. Por último, sou grato pelo apoio e pela compreensão inabaláveis que recebi dos meus colegas médicos, funcionários, pacientes e do meu sócio, Hassan Kanj. O incentivo deles foi inestimável nesta jornada de exploração e descoberta.

ÍNDICE

D

E

F

G

H

I

K

L

M

T

V

Z

Este livro foi impresso nas oficinas gráficas da Editora Vozes Ltda.,
Rua Frei Luís, 100 – Petrópolis, RJ.